2018

# Discourse Studies Forum

# 话语研究论丛

第六辑

田海龙　主编

南開大學出版社

天　津

**图书在版编目(CIP)数据**

话语研究论丛. 第六辑 / 田海龙主编. —天津：南开大学出版社，2018.12
ISBN 978-7-310-05794-8

Ⅰ. ①话… Ⅱ. ①田… Ⅲ. ①话语语言学—文集 Ⅳ. ①H0—53

中国版本图书馆 CIP 数据核字(2019)第 080372 号



南开大学出版社出版发行
出版人:刘运峰
地址:天津市南开区卫津路 94 号 邮政编码:300071
营销部电话:(022)23508339 23500755
营销部传真:(022)23508542 邮购部电话:(022)23502200
*
北京建宏印刷有限公司印刷
全国各地新华书店经销
*
2018 年 12 月第 1 版 2018 年 12 月第 1 次印刷
260×185 毫米 16 开本 9.25 印张 174 千字
定价:36.00 元

如遇图书印装质量问题,请与本社营销部联系调换,电话:(022)23507125

## 《话语研究论丛》编委会

# 目 录

《话语研究论丛》第六辑
2018 年

# 能源研究的话语视角*

◎ 刘立华　北京交通大学话语与跨文化传播研究中心
◎ 唐芸婷　北京交通大学话语与跨文化传播研究中心
◎ 邢宇馨　北京交通大学话语与跨文化传播研究中心

**摘　要**　能源问题是人类社会面临的主要问题之一。能源问题在一定程度上是社会建构的产物，这一假设为能源问题研究的话语视角切入提供了可能。能源危机的管理与传播、能源企业形象与身份建构以及能源政策制定都与话语实践密切相关。本研究结合具体案例，从以上三个方面对能源实践的话语研究视角进行了讨论和描述，提出了能源研究与话语研究融合发展的趋势和应该关注的问题。

**关键词**　能源实践；话语实践；结合研究

## 1. 引言

中国能源局发布的《能源发展“十三五”规划》指出，“能源是人类社会生存发展的重要物质基础，攸关国计民生和国家战略竞争力。当前，世界能源格局深刻调整，供求关系总体缓和，应对气候变化进入新阶段，新一轮能源革命蓬勃兴起。我国经济发展步入新常态，能源消费增速趋缓，发展质量和效率问题突出，供给侧结构性改革刻不容缓，能源转型变革任重道远”。我国经济发展虽然取得了巨大进步，但是环境污染和能源匮乏等问题日趋严峻，生态环境正在经受前所未有的挑战。从国际环境来看，能源安全、

---

* 通讯作者：刘立华
联系地址：北京市（100044）海淀区上园村 3 号，北京交通大学话语与跨文化传播研究中心
基金项目：北京交通大学基本科研业务费人文社会科学专项基金资助，“中国特色话语体系建设研究”（项目编号：2018JBWB005）的阶段性成果。

能源危机以及能源领域的话语权一直是困扰我国持续发展的问题。因此，当中国等新兴经济体步入经济转型调整期以后，能源安全环境的改善以及对全球治理中的制度性权力的掌握就愈发变得重要（于宏源，2017：32）。同时，围绕能源相关议题产生了各种各样的话语，这些话语通过各类媒介在全球范围内扩散和传播，影响能源政策的制定和实施，左右国际能源格局，进而影响社会形态（赵秀凤，2018）。从这个意义上来说，话语实践构成了能源实践一个很重要的维度。能源政策的制定、能源危机的管理与传播、能源企业的形象建构以及能源实践中国家民族身份的建构与传播，都与话语实践密切相关。

本研究无意具体论述中国发展过程中的能源问题，而是试图提出一个能源研究的话语视角。从宏观上来讲，话语构成了观测中国当下社会实践的工具。随着中国在国际舞台上扮演的角色越来越重要，中西文化的互动和碰撞将变得更加密切和频繁。作为社会主要互动形式的话语互动，无疑是观察作为新兴大国的中国与世界守成国家或是其他国家互动的重要标尺。从社会建构主义的视角来看，话语又无疑是建构国家形象与身份、获取国际话语权的重要手段。其次，在人类的发展历史进程中，每一个民族或是每一种文化都建构了其独特的话语体系，中国的能源实践也理应拥有自己独特的能源话语体系，这种话语体系应该成为当今中国学者的关注对象。因此，“我们既要研究西方的问题，更要注重研究当代中国发展的现实逻辑、中国问题和中国道路”，“当代中国的专家学者要提出具有原创性、标识性的新概念新范畴新表述新理论新思想，就要潜心研究当代中国发展的现实逻辑与中国问题”（韩庆祥、陈元章，2017）。

在能源研究领域和话语研究领域，国外从话语实践视角进行的相关研究已经很多（例如，Berg，2009；Stevenson，2009；Jessup，2010；Chaliganti & Müller，2016），国内的话语研究也日益丰富，涉及领域也越来越多（例如，丁建新、廖益清，2001；苗兴伟，2004；辛斌，2005；钱毓芳，2010；田海龙、赵芃，2017），中国学者对能源与话语的结合研究也有所涉及（例如，刘立华、钱嘉慧，2013；翟石磊，2014），但是，国内有关能源研究的话语视角还没有形成系统研究，学术生态和学术体系还不是很丰富，这种状况与我国能源消费和生产大国的地位不是很相称。本研究试图在这一宏观背景下对能源研究的话语视角这一命题进行初步讨论，旨在推动和拓展话语研究的同时，也能丰富能源问题的研究。

## 2. 作为一种社会实践的话语

话语研究与意识形态研究、修辞研究、语言哲学和社会科学关系密切。有些学者把话语研究当成一种理论或是方法，有些学者把话语看成一种研究视角或是研究范式。Schiffrin 等人（2001）从三个角度来界定话语这一概念，即话语是超越句子的语言单位，话语是语言的使用以及话语是一种更为宽泛的社会实践。Harvey（1996）认为，社会由社会关系、权力、物质实践、理想/价值/信念、机构/仪式和话语等元素构成，话语与其他元素或环节的关系是分析和评价的关系，同时是一种内化和辩证的关系。社会实践是抽象的社会结构和具体的社会行为之间的桥梁，而话语是社会实践的一个重要的元素，它包括语言因素，也包括非言语的交际和一些视觉形象。Harvey（1996）认为话语的社会重要性体现在话语对社会的行为和话语的反映性建构，以及话语所具有的社会转换职能方面。Fairclough（2003）在吸收 Harvey（1996）社会学理论的基础上，对话语这一概念做了发展，并把它应用于具体的文本分析之中。以上话语研究的观点，坚持了一种话语实践与社会实践之间的区分（Chouliaraki & Fairclough，1999）。社会实践的易被操控特性使得对社会实践中话语实践的批评性解读变得非常必要。这种操控往往又符合一定的经济、政治和机构利益和目的，因此，对此类话语实践的批评性意识被看作是“日常生活的正常特点”（Fairclough & Wodak，2003）。

以上话语理论基础上的批评话语分析与西方的启蒙运动有关，又与西方马克思主义和法兰克福学派的思想密不可分。随后，在一些学者的努力下，批评话语分析作为一个研究范式得到了极大的发展。批评话语分析受法国思想家福柯有关话语、权力以及知识的论述影响最大。福柯的观点沿袭了社会建构主义的立场，也就是知识并不是一个社会现实的反映，而是一种话语的建构和历史的限定，权力是一种具有生产性和制约性的力量，它与话语密切联系。权力通过某种方式被建构起来并对社会现实做出正确与错误的区分（Jørgensen & Phillips，2002），也就是话语通过社会认可的知识产生的方式建构了“真理”（Feindt & Oels，2005）。因此，批评话语分析的研究旨趣从整体上具有社会政治倾向，其目标在于推进一种在批判性理解基础上的社会变化。

需要指出的是，在话语研究领域，除了批评话语分析学派，后马克思主义的话语理论，有时也被称作“埃塞克斯学派”或是后结构主义的话语理论，也是非常重要的一个分支。后马克思主义的代表人物 Laclau 和 Mouffe 对话语的界定是，“我们通常把那些能建构一种关系并在这一关系建构过程中其身份得到修订的过程称为链接（articulation），这种由链接过程而形成的结构性的整体则是话语”（Laclau & Mouffe，2001：105）。后马克思主义的话语理论虽然与传统的经典马克思主义的分析，即围绕阶层精英主义的分析完全不同，但是其理论仍然来源于马克思主义。后马克思主义的话语理论与福柯（1980）的话语概念不同，福柯把话语界定为一个陈述的分散系统，侧重话语的结构，而 Laclau 和 Mouffe 的话语则是指一个由链接构成的结构性的整体。据此，Laclau 指出，“墨菲与我在《霸权与社会主义策略》中所描述的话语概念与福柯提出的话语概念是完全不同的——后者是建立在我们都抵制的话语与非话语之间的区别上的”（巴特勒等人，2004：94）。Laclau 等人的话语概念超越了思想和现实的区分，但是并不是否认客观世界的存在，而是说，离开了话语，整个世界再也没有意义，正如德里达所讲的“文本之外一无所有”。因此，在后马克思主义者看来，在人与世界的互动中，物质世界总是在话语中向人们呈现它的存在。就像“树木可能是原材料，或者是制造品的部件，或者是森林沉思的对象，或者是阻挡我们前进的障碍物”（周凡，2007：108）一样，人们遇见的总是存在于某一个具体话语情境之中的事物，在语境之外，物质世界没有所是，只有存在（卢春雷，2014）。

## 3. 话语理论视角下能源研究的主要内容

### 3.1 能源危机事件的传播与管理

能源危机事件往往是能源实践中遇到的一个普遍问题，例如石油或是天然气泄漏、矿难、核事故等。能源危机因此成为一个重要的研究课题。从学科分布来看，危机研究主要集中于管理、传播及公共关系领域。随着这些领域研究的深入，学者普遍认为危机管理或是传播过程中言说的内容和方式与危机管理的质量和成效关系密切，语言的恰当运用能给危机事件与危难的管理与处理带来生机或是转机（胡百精，2009：196）。Benoit 在前人（Ware & Linkugel，1973）研究的基础上发展了修辞理论中的辩解策略，并把这一策略细分为否定、逃避责任、削减危害、矫正行为以及请求宽恕（Benoit，1995：21）。冉永平（2010）对冲突性话语进行了语用学视角下的解读。兰卡斯特大学在 2012 年 7 月召开主题为“解构危机话语”的工作坊，具体讨论欧洲金融危机及其在公共话语、政治话语和日常话语中的具体呈现与传播。Fuoli 和 Paradis（2014）提出了一个新的用来考察信任—修复类话语的理论框架，来分析英国石油公司总裁在海湾漏油事件以后的信任修复话语策略。《话语与社会》杂志 2014 年第 4 期的专刊呈现了“在欧洲金融危机这一背景下，以希腊为个案，危机如何在话语中完成‘定制’以及这种意义生成机制是如何在媒体和日常交流中流动”（Wodak & Angouri，2014：419）。De Rycker 和 Mohd Don（2013）论证了作为一种复杂现象的危机是社会和话语建构的产物。

2010 年 4 月 20 日，美国墨西哥湾原油泄漏事件引起国际社会的高度关注，很多国家向美国运送设备及人员，以帮助美国尽快处理污染问题。2010 年 7 月 15 日，英国石油公司宣布，新的控油装置已成功罩住水下漏油点，“再无原油流入墨西哥湾”。Wendy 教授使用文本分析的方法，利用“新闻报道指数”（News Coverage Index）数据库，对这次能源危机事件的话语类型进行了研究。[①] 研究发现，西方媒体对这一事件的报道主题超过 80%都是批评和互相指责。当事故发生时，西方媒体的第一反应就是责问相关负责人，而被问责的一方不是就此做出回应或是补救的承诺，而是推卸责任，去指责另外一方的失职。漏油事件被媒体报道后，社会上各种对于个人、企业、国家甚至整个行业的指责都呼啸而来，甚至相关方也开始相互攻击，指责性的话语进而激起更大的社会消极情绪。指责性的话语在社会交际互动中建构起整个社会对漏油事件的话语生态，由此产生了更加严重的社会舆论危机。该研究表明，媒体作为社会舆情的载体，是公民表达情绪最主要的平台，扮演着引导整个社会舆情的角色，媒体话语不仅传播某种信息，更是一种价值立场的体现，而这种态度立场左右着整个社会的舆情发展。

### 3.2 能源危机事件的传播与管理

能源企业由于其重要的战略角色，往往是某一个国家形象或是身份的代表。企业的身份（identity）也往往对国家身份建构有着重要的影响。鉴于这一原因，能源企业的身份研究构成了能源研究的重要方面。身份起初作为一个社会学概念，指的是社会个体或群体的社会属性（Stryker，1987）。身份是当前人文社会科学的一个热点话题，也是话语研究关注的主要领域（Blommaert，2005：26-27；陈新仁，2013；尤泽顺，2015）。Wodak 等人（1999：3）认为，国家身份由话语，特别是在国家的文化叙述中得以建构和传播。国家身份是话语的产物。正是通过作为一种社会实践的话语，一个国家的独特性和其国际差异性得以表达，也正是通过话语实践，一个国家的身份得以建构、保持、传播，抑或得到消解。Epstein（2008：14-15；赵洋，2016：114）认为，话语是“关于一个具体客体的具有内聚力的观念、概念和分类，它们以一种特定的方式塑造了那个客体，从而限制了相对于该客体的行动的可能性”。在身份建构过程中，话语的发出者往往会以主体身份进入“话语场”当中，进而呈现一种“我”或“我们”的身份，这种身份与“话语场”其他身份构成了赞同、反对或是协商的关系。

我们以神华集团有限责任公司为例，来具体讨论能源企业的身份建构和重构问题。[②] 神华集团有限责任公司在 2013 年度的《财富》全球 500 强企业中排名第 178 位，在国内外能源市场具有举足轻重的地位。本研究通过对比中外主流纸质媒体对神华集团的报道来分析探讨神华集团在海内外的身份建构。

国内媒体报道样本选自 2009 年 1 月 1 日到 2013 年 12 月 31 日期间《人民日报》（95 篇）、《光明日报》（85 篇）、《京华时报》（7 篇）、《江南时报》（8 篇）以及《环球时报》（4 篇）对神华集团的报道，最终得到 199 篇与其身份构建有关的新闻作为语料。我们将筛选出的与企业身份直接相关的报道放入 WORD 文档中编辑整理，利用软件中的查找工具，总结出了文章中的高频词。

**表 1 神华集团国内新闻报道高频词**

| 项目 | 频次 |
|---|---|
| 新 | 725 |
| 大学生/青年/人才 | 555 |
| 技术/技能/科技 | 479 |
| 学习 / 贯彻 / 落实 / 党组 / 作风 | 416 |
| 最大/第一/首套/首台/老大/大型 | 187 |
| 科学 | 186 |
| 收益/成绩效益/利润 / 收入 | 173 |
| 国际竞争力/国际性/世界 | 170 |
| 绿色/节能/减排/可持续/环保/低碳/循环经济/清洁 | 162 |

通过文本分析可以发现，有关神华的国内报道在叙述中基本上采用了引述与阐释、陈述与议论等不同话语交替转换的笔法。报道内容主要凸显神华公司希望打造一个“先进、创新、节能环保和具有责任感”的国际一流大型能源企业身份。

国外媒体报道借助 Newsbank 数据库，搜索 2007—2013 年期间关于神华集团的报道，其中报道的主题是神华集团的一共有 37 篇。我们利用 Wordsmith5 生成“外媒对神华集团报道”语料库，涉及英国、法国、美国、澳大利亚、印度等多家国外媒体。通过 Wordlist 进行词频统计，得出语料库中的高频词汇如下表 2。

**表 2 国外媒体有关神华集团报道高频词**

| 排序 | 词语 | 词频 |
|---|---|---|
| 1 | coal | 345 |
| 2 | Shenhua | 309 |
| 3 | China/Chinese/China’s | 272 |
| 4 | said | 122 |
| 5 | water | 63 |
| 6 | largest/biggest | 60 |
| 7 | government | 46 |
| 8 | greenpeace | 42 |
| 9 | owned | 35 |
| 10 | technology | 29 |

国外报道所涉及的主题有企业扩张、对外合作、污染问题、企业上市、财务表现及

企业和CEO介绍，其分布百分比饼图如下。

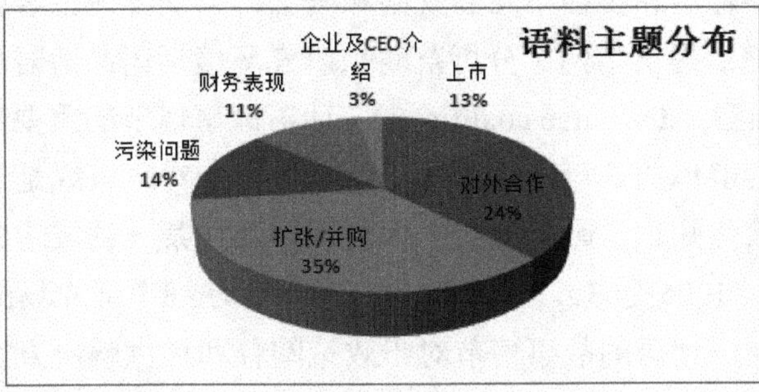


图1 国外媒体报道主题分布

通过分析外媒对神华集团报道中出现的前十大高频词以及“神华”经常出现的搭配情况，结合部分文本分析，外媒对神华集团身份构建呈现如下特点：（1）外媒强调企业的国有控股属性。在大多外媒报道中，神华集团被塑造成了依靠国家力量强势蛮横的企业，这一点在澳大利亚媒体对神华沃特马克有限公司在澳大利亚购置土地的报道中体现得最为明显，报道字里行间讽刺神华因为政治原因才获得南威尔士的开矿权。（2）外国报道多为事件引发性报道。例如，神华集团的上市、并购、对外合作和突发性污染事件，特别是对神华污染事件的报道，外媒用词毫不留情。例如，国际环保组织“绿色和平”于2013年7月曝光神华集团在内蒙古鄂尔多斯的煤制油项目过度抽取地下水和排污引发生态环境问题后，美国媒体使用了“以最贪婪的方式攫取地下水”“不知羞耻地剥夺地下水”等措辞。通过比较国内外媒体对神华集团身份的话语构建策略可以看出，国内媒体强调企业的政治立场，外媒却利用这一点塑造了神华依靠国家力量的强势身份。国内媒体对企业的报道更加多样，外媒则缺乏对企业文化价值观的报道。

### 3.3 能源政策制定研究的话语视角

20世纪60年代以来，话语研究主要关注种族主义、反犹太主义、民族主义、仇外、性别歧视以及政治中的语言等课题（Jenner & Titscher，2000）。但是自20世纪90年代末期以来，有关政策制定和环境问题的话语研究逐渐多了起来（Hajer & Versteeg，2005）。Hajer（1995）对生态现代化话语进行了研究并试图回答为何对环境问题的某些解释能够占据主导地位，而其他的解释则不被信任。Hajer提出了“社会互动”话语理论，在这一理论中，话语主体不但要在叙述中阐明自己的立场观点，同时也要影响自己潜在的竞争对手，进而达到一种话语的霸权。话语霸权的达成往往依靠可信性、可接受性以及信任来完成。Hajer（1995）认为，这种具有辩论性特点的交际对于某些话语和概念的形成与流行关系密切。这一观点对于政策产生机制研究具有一定的启示意义。这是因为，特定的社会秩序往往需要输出和传播不同的规则和概念，大众群体也需要不断应对政策的改变。Hajer（1995）随后提出了两个分析范畴来研究环境话语：话语故事情节（discursive storylines）与话语同盟（discourse coalitions）。话语故事情节的重要性在于多重阐释，以便能赢得大多数社会群体的认可。话语同盟则是指公众对政策或是某些概念的共享的理解。故事情节在“聚焦知识、影响社会主体立场以及在某一领域达成社会主体联盟”方面作用凸显（Hajer，1995：63）。由于受众可能不会仔细考证立场的正确与否，故事情节的作用就非常重要。话语的故事情节对于政策阐释和提供解决方案往往简短扼要，通常会使用一些隐喻的表达（Torfing，2011：1884）。例如，英国能源政策经常使用的一个短语就是“让灯一直亮着”（keeping the lights on）。这一表述是实用主义和常识的结合，对那些没有批评力的人来说是个非常正确的论断，这一表达也非常聪明地否定了加速实施低碳能源转换的提议。

把政策制定看作是一个充满斗争的沟通过程挑战了那种把政策制定看作是一种客观的、线性的并且包括一系列逻辑步骤的，由官员和专家来完成，并排除其他声音和过程的观点。因此，在政策制定研究的话语视角下，政策制定应该把语言和辩论纳入进来。这是因为，政策制定中专家的判断往往带有个人的情感色彩（Scrase & Ockwell，2010），我们往往需要话语的或是宏观的协商民主理论（theory of deliberative democracy）来协同处理这种杂乱的公共辩论。这是因为，话语民主因其非正式和开放性而更具有包容性，话语民主使得更为开放的公共辩论成为可能，它使得这种交际空间（communicative spaces）从一个小的私密讨论拓展成了社会运动和媒体参与的活动，然而，话语民主可能会使得沟通偏离、指称或是断言非法，或是压制性的社会权力的滥用（Dryzek，1990，2000；Habermas，1996；Hendriks，2006）。

以 2017 年华北地区的煤改气实践为例，虽然煤改气实践得到媒体的认同，但是煤改气工作推进过程中也遇到一些问题，例如工程进展不顺利、百姓负担过重、煤气资源短缺，一些媒体开始出现对“煤改气”工作的不同意见。《人民日报》12 月 8 日报道，“煤改气要统筹兼顾，别让百姓挨冻过冬”，一些社交媒体开始出现反对“煤改气”的声音，认为“煤改气”一刀切的做法影响了老百姓冬季取暖。“煤改气”实施过程中民间话语的加入改变了这一政策的进程。12 月 7 日，北京城市管理委员会下发特急通知称，国家发改委要求北京市立即启动华能燃煤机组，减少本市天然气用量，缓解华北地区天然气紧张局势。国家发改委在回应煤改气时也指出，“煤改电”“煤改气”没到位的允许使用煤炭取暖，全力保证煤炭资源供应，保证燃煤供热机组正常运行；有条件的尽可能做好洁净煤供应工作，目前不具备条件的要尊重当地群众的取暖习惯，以确保温暖过冬为第一原则。

## 4. 结束语

随着社会的发展、科技的进步，社会的分工愈发精细，各种社会实践之间愈发相互交织。能源问题不再是单纯的能源问题，而是与外交、军事、环境、区域安全等问题密切相关，能源实践不再是简单追求一种能源需求，而是掺杂了各种利益、各种目的的国家层面的博弈过程。能源危机、能源企业身份建构、能源政策的制定和传播以及能源舆情研究等，也因此需要语言学、传播学、国际政治、社会学等学科的参与。话语因此构成了能源实践研究一个重要的不可或缺的研究角度。过去十年中，有关话语在环境政策方面的研究越来越多，有关能源和能源安全研究的话语视角也呈现多发的态势。但是，能源政策制定或是能源安全问题往往由于媒体的参与而变得更加复杂。能源、话语、媒体构成了这类研究的关键词。沿着这一思路，跨文化视角下有关能源安全问题的话语研究为能源研究的话语视角提供了一个新的研究方向。

**注释：**

① 该部分内容来自 Wendy N. Wyatt 教授 2011 年 6 月在对外经济贸易大学英语学院的一次讲座。

② 该研究案例来自有关该研究的具体数据，请参阅《商务话语分析的内涵与范围》，《商务外语研究》，2014 年第 2 期。

**参考文献：**


Berger, P. & T. Luckmann. 1996. *The Social Construction of Reality: A Treatise in Sociology of Knowledge*. New York: Doubleday.

Blommaert, J. 2005. *Discourse: A Critical Introduction*. Cambridge: Cambridge University Press.

Burr, V. 2003. *Social Constructionism*. London: Routledge.

Chouliaraki, L. & N. Fairclough. 1999. *Discourse in Late Modernity: Rethinking Critical Discourse Analysis*. Edinburgh: Edinburgh University Press.

Fairclough, N. 1989. *Language and Power*. London: Longman.

Fairclough, N. 2001. Critical discourse analysis as method in social scientific research. In R. Wodak & M. Meyer (eds.). *Methods of Critical Discourse Analysis*. Thousand Oaks:

Sage Publications.

Fairclough, N. 2003. *Analyzing Discourse: Textual Analysis for Social Research*. London: Routledge.

Foucault, M. 1980. *Power/Knowledge: Selected Interviews and Other Writing*. Brighton: Harvester.

Halliday, M. A. K. 1978. *Language as Social Semiotic: The Social Interpretation of Language and Meaning*. London: Arnold.

Halliday, M. A. K. 1994. *An Introduction to Functional Grammar*. London: Arnold.

Halliday, M. A. K. 2000. *An Introducing to Functional Grammar*. Beijing: Foreign Language Teaching and Research Press.

Jorgensen, M. & L. Philips. 2002. *Discourse Analysis as Theory and Method*. London: Sage Publications.

Kress, G. & R. Hodge. 1988. *Social Semiotics*. New York: Cornell UP.

Kress, G. & T. van Leeuwen. 1996. *Reading Images: The Grammar of Visual Design*. London: Routledge.

Kress, G. & T. van Leeuwen. 2006. *Reading Images: The Grammar of Visual Design* (2nd edition). London: Routledge.

Kress, G. 2003. *Literacy in the New Media Age*. London: Routledge.

Laclau, E. & C. Mouffe. 2001. *Hegemony and Socialist Strategy: Towards a Radical Democratic Politics*. London: Verso.

Leeuwen, V. T. 1999. *Speech, Music, Sound*. London: Macmillian.

Lemke, J. L. 2002. Travel in hypermodality. *Visual Communication*, 1 (3): 299-325.

Machin, D. 2007. *Introduction to Multimodal Analysis*. London: Hodder.

Martin, D. 1995. The choices of identity. *Social Identities*, (1): 5-20.

Martin, J. R. & P. R. R. White. 2005. *The Evaluation of Language*. London: Palgrave Macmillan.

Toole, M. T. 1994. *The Language of Displayed Art*. London: Leicester.

Scollon, R. & L. Philip. 2004. *Multimodal Discourse Analysis as the Confluence of Discourse and Technology*. Washington, DC: Georgetown University Press.

Stenglin, M. & R. Idema. 2001. *How to Analyze Visual Images: A Guide for TESOL Teachers*. London: Routledge.

Thompson, G. 2000. *Introducing Functional Grammar*. Beijing: Foreign Language Teaching and Research Press & London: Edward Arnold (Publishers) Limited.

Thibault, P. J. 2000. *The Multimodal Transcription of a Television Advertisement: Theory and Practice*. Campobasso: Pallad into Editore.

Unsworth, L. 2001. *Teaching Multiliteracies Across the Curriculum: Changing Contexts of Text and Image in Classroom Practice*. Buckingham: Open University Press.

van Dijk, T. A. 2008a. *Discourse and Power*. New York: Palgrave Macmillan.

van Dijk, T. A. 2008b. *Discourse and Context: A Sociocognitive Approach*. Cambridge: Cambridge University Press.

van Dijk, T. A. 2009. *Society and Discourse: How Context Controls Text and Talk*. Cambridge: Cambridge University Press.

van Dijk, T. A. 2014. *Discourse and Knowledge: A Sociocognitive Approach*. Cambridge: Cambridge University Press.

Wodak, R. et al. 1999. *The Discursive Construction of National Identity*. Edinburgh: Edinburgh University Press.

Wodak, R. 2001. What CDA is about—A Summary of its history, important concepts and its development. In R. Wodak & M. Meyer (eds.). *Methods of Critical Discourse Analysis*. Thousand Oaks: Sage Publications.

巴殿君、朱振恺，2015，论“一带一路”战略内涵、风险及前景——以国际关系为视角，《湖北社会科学》，第 10 期，38-42 页。

储殷、黄日涵，2016，“一带一路”视阈下国家形象构建的巧实力探析，《新疆师范大学学报（哲学社会科学版）》，第 2 期，78-84 页。

耿敬北、陈娟子，2016，网络社区多模态话语分析——以 QQ 群话语为例，《外语教学》，第 3 期，35-39 页。

顾曰国，2007，多媒体、多模态学习剖析，《外语电化教学》，第 2 期，3-12 页。

黄俊、董小玉，2015，“一带一路”国家战略的传播困境及突围策略，《马克思主义研究》，第 12 期，121-127 页。

胡壮麟，2007，社会符号学研究中的多模态化，《语言教学与研究》，第 1 期，1-10 页。

胡壮麟、朱永生、张德禄、李战子，2012，《系统功能语言学概论》，北京：北京大学出版社。

寇立研、周冠宇，2015，“一带一路”对外传播需要把握的十对关系，《对外传播》，第 3 期，21-23 页。

计宏亮，2015，“一带一路”国际话语权的建构刍论，《理论导刊》，第 7 期，101-103 页。

梁海明，2015，“一带一路”海外传播应避免的几大误区，《中国记者》，第 10 期，32-34 页。

刘立华、徐硕，2016，习近平主席“一带一路”话语创新实践案例研究，《北京第二外国语学院学报》，第 3 期，19-30，135 页。

罗小春，2012，多模态语篇分析研究——以电影《贫民窟的百万富翁》海报为例，《语文学刊（外语教育教学）》，第 5 期，46-48 页。

李战子，2003，多模态话语的社会符号学研究，《外语研究》，第 5 期，1-8，80 页。

苗兴伟，2004，“话语转向”时代的语篇分析，《中国海洋大学学报（社会科学版）》，第 4 期，64-71 页。

施旭，2008，话语分析的文化转向：试论建立当代中国话语研究范式的动因、目标和策略，《浙江大学学报（人文社会科学版）》，第 1 期，131-140 页。

田海龙，2015，新修辞学的落地与批评话语分析的兴起，《当代修辞学》，第 4 期，32-40 页。

吴安萍、钟守满，2014，视觉语法与隐喻机制的多模态话语研究，《外语与外语教学》，第 3 期，23-28 页。

徐旭伟，2016，“一带一路”战略中国家形象塑造问题研究，《声屏世界》，第 3 期，16-19 页。

袁赛男，2015，构建“一带一路”战略视域下的新对外话语体系，《对外传播》，第 6 期，13-15 页。

张德禄，2009，多模态话语分析综合理论框架探索，《中国外语》，第 1 期，24-30 页。

周凯，2015，全球化背景下“一带一路”建设的对外传播，《对外传播》，第 3 期，18-20 页。

张敬源、贾培培，2012，关于视觉语法的几点思考，《当代外语研究》，第 3 期，38-40，160 页。

曾庆敏，2011，多模态视听说教学模式对听说能力发展的有效性研究，《解放军外国语学院学报》，第 6 期，72-76 页。

周兆呈，2015，国际舆论视野中的“一带一路”战略，《南京社会科学》，第 7 期，1-5，23 页。

## Discourse Approach to Energy Studies

Liu Lihua, Beijing Jiaotong University
Tang Yunting, Beijing Jiaotong University
Xing Yuxin, Beijing Jiaotong University

**Abstract:** Energy issues are very crucial for human beings in the modern world. The problems energy practices are facing are assumed as socially constructed entities. The above assumption makes discourse approach a possible and insightful research paradigm for energy studies. This article holds that the following research fields such as energy crisis management & communication, identity or image construction for energy corporate, and energy policy making are closely related with discourse practice. This article provides a relatively holistic picture of the discourse approach for energy studies, and points out the tends and focus for the interdisciplinary research of energy discourse.

**Key words:** energy practice, discourse practice, interdisciplinary study

**作者简介：**

刘立华，男，教授，博士（后）。研究方向：系统功能语言学、话语研究、跨文化传播。

唐芸婷，研究生。研究方向：跨文化传播与翻译。

邢宇馨，研究生。研究方向：跨文化传播与翻译。

《话语研究论丛》第六辑
2018 年

# 转基因食品语篇的批评性话语分析*

◎ 林金容　　广东外语外贸大学英文学院
◎ 欧阳护华　　广东外语外贸大学英文学院

**摘　要**　近年来，转基因食品话题一直备受争议。为了更好地了解这一话语现象，本文采用批评性话语分析的视角，解构反转基因语篇和挺转基因语篇的话语建构策略及其影响因素。研究发现，反转语篇在建构过程中以诉诸情感和诉诸道德为主要建构策略，而挺转语篇建构策略则显示出一定的排他性；社会转型期间，民众与权威、反转群体与挺转群体之间的复杂话语权关系受到历史和现实诸多因素的影响。本文试图从多方面考察转基因食品语篇背后的权力关系及其意识形态意义，以提高公众的独立批判性思维，营造更加理性的社会环境。

**关键词**　批评性话语分析；转基因语篇；话语权

## 1. 引言

新媒体的发展使信息传播更加快速广泛，爆炸式的信息涌入人们的视野，不仅给大众带来了便利，同时也造成一定的信息分辨困扰。2017 年 6 月实施的《中华人民共和国网络安全法》，对网络环境的净化起着重要作用，与此同时，对于那些社会争议性较大的

---

* 通讯作者：欧阳护华
联系地址：广东省广州市（510420）白云区白云大道北 2 号，广东外语外贸大学英文学院
电子邮件：en_ouyang@hotmail.com
基金项目：广东外语外贸大学研究生科研创新项目“转基因谣言的批评性话语分析”（项目编号：17GWCXXM－31）和广东省普通高校人文社会科学研究“创新的扩散视角下中外合作办学项目的质量评估体系构建”（项目编号：2017GXJK044）

问题，网络舆情的正面引导也必不可少。当前，转基因食品争议持续发酵，挺转和反转意见不一，积极的舆情引导迫在眉睫。相关争议不仅影响公众对转基因食品的认知，而且制约着转基因作物在国内的推广种植。因此，转基因研究不仅要注重其技术安全性和风险性，也应重视与其相关的话语实践活动。挺转语篇及反转语篇之间的博弈本身也是一种微社会现象，融合了社会历史等诸多因素，为分析当下社会，尤其是网络环境中的某些争议性问题提供了新的视角和方法。同时，也有助于提高国内大众批判思维能力，消除网络不良信息对公众价值观造成的负面影响，维护正常社会秩序。

## 2. 理论来源、研究语料和研究方法

现有的转基因研究内容比较广泛，主要集中在转基因食品风险感知（Amin，Mahadi，Samian & Ibrahim，2013；Lu，Xie & Xiong，2015；Lv & Chen，2016）、消费者态度调查（张明杨、章棋，2016）、典型转基因争议事件（刘金荣，2013）等方面。转基因食品风险感知和消费者态度调查研究对国家推行转基因政策具有重要的借鉴作用，如 Lu、Xie 和 Xiong 等人研究了共享价值观如何影响中国城市地区民众对于转基因食品的风险感知，他们发现公众对政府的信任感越高，则转基因风险感知程度越低。而典型的转基因个案研究使大众更全面理解某转基因争议事件，从而能客观地判断该事件，如张新苗（2016）针对“转基因大豆致癌”这一具体案例解析该言论的网络传播机制，提高大众对这一谣言的认识，自觉抵制该谣言。在研究视角上，转基因食品研究涵盖各领域，包括食品科学（张忠明，2015）、新闻传播学（康亚杰、彭光芒，2016；唐铮、符策旭，2017）、法学（刘旭霞、李洁瑜、朱鹏，2010）、社会学和心理学（李铁，2011；贾鹤鹏、范敬群，2016）等。研究方法上也比较多样，有问卷调查法（庞道华、解瑞宁、隋云南，2017）、实验法（杨帆，2017）、个案研究法（杨柳，2015）等。尽管转基因食品的研究涉及内容广泛，视角具体，方法多样，但并未有相关文献涉及转基因争议话语现状背后的权力关系及其意识形态意义，故引入批评性话语分析（Critical Discourse Analysis，CDA）视角十分必要。

批评性话语分析基于批评语言学（Critical Linguistics，CL）发展而来。它认为语言和社会之间存在一定的连接媒介，往往不同的媒介观对应不同的研究方法，如 Fairclough（1989，1992）认为语言和社会之间通过话语实践连接因此发展出话语三维概念模型，van Dijk（2001）认定社会认知这一媒介因此发展出社会认知模型，Wodak（2001）注重历史语境因素因而更偏爱话语历史研究路径等。批评性话语分析关注社会的不平等性以及权力滥用如何通过语言实现，以期理解、揭露并最终消除这种社会不平等现象（van Dijk，

2001：352）。大多数批评性话语分析研究聚焦于单方面解构精英话语，如曾亚平（2009）从人称代词、情态和语篇三个方面解析了奥巴马总统选举获胜演讲；或者解构草根话语，如 Liu 和 Ouyang（2016）研究了药家鑫杀人案引发的网络草根话语的修辞策略与重新语境化过程等。这类研究只能为我们提供关于某一社会现象的片面阐释，而无法兼顾精英与草根双方对同一事件的不同建构方式，以便我们更客观地理解该社会现象。鉴于此，本文以转基因语篇（包括反转语篇和挺转语篇）为研究对象，探究其话语建构策略及其语用功能，讨论其社会、历史、文化意义，以帮助读者更好地理解转基因争议现状。

本文的语料内容包括两部分：反转基因语篇与挺转基因语篇。反转基因语篇语料主要来源于微信公众号和朋友圈，内容涉及转基因食品影响生育、转基因食品危害健康、转基因食品危害国家安全等多个方面。以相关语篇出现频率较高、转载次数较多、反转代表性较强和社会影响力较大为标准，最后筛选出 30 篇较典型的反转基因语篇并对其按照不同建构策略进行分类。挺转语篇则主要来自"知识分子""基因农业网""科通社"等微信公众号。本文运用定性描述的分析方法进行考察，以 Fairclough（1995）三维概念模式为框架，融合 van Leeuwen（2008）话语策略合法化理论及 Martin 和 White（2005）的态度系统等模式，借鉴 Foucault（1979）的权力观以及 Althusser（1968）的意识形态理论，对转基因争议事件进行深入阐释，以期揭露社会权力滥用及不平等现象。文章试图回答以下问题：（1）反转基因语篇中运用了什么建构策略以促其又快又广地传播？（2）针对反转基因话语现象，挺转群体使用了哪些话语策略来应对？效果如何？最后，本文尝试讨论该语言现象背后的历史、社会和文化等因素。

## 3. 被误解的反转基因话语

### 3.1 反转语篇是话语权的另类实现

新媒体的发展为草根阶层搭建了更多发声平台，而媒体的匿名性、传播快而广等特点为草根阶层提供了发声的便利性和安全性，草根阶层的活跃度提升，对话语权的需求也随之增大。话语权的迫切需求为反转语篇产生提供了现实条件。不论是权威机构、专业技术和法律保障等方面的支持，还是社会地位和财政资源方面的优势，在转基因争论中反转群体始终处于不利地位。因此，该群体借助为草根发声的反转语篇载体，顺应群体心理特征，占据情感和道德制高点，截长补短，便能赢得大多数人的支持。因此，反转语篇主要通过情感虏获和道德评价策略达到其目的。

我们通过对 30 篇反转语篇进行态度资源标记（分布状况见图 1），发现反转语篇主要运用了情感资源（占 50%）和判断资源（占 46%），“情感资源的出现直接表明作者的态度，在一定程度上拉近了与读者的心理距离”（李鸿春，2014：20）。反转语篇利用情感评价转基因食品，以期与读者建立共同情感，一旦“这种情感连接建立以后，听众就有可能对说话人的位置所蕴含的更广泛的意识形态方面的东西持开放的态度”（胡壮麟等，2006）。鉴赏资源是基于伦理的范畴来评价人或其行为的资源，其判断依据主要来自社会伦理道德标准，以此误导听众思维。

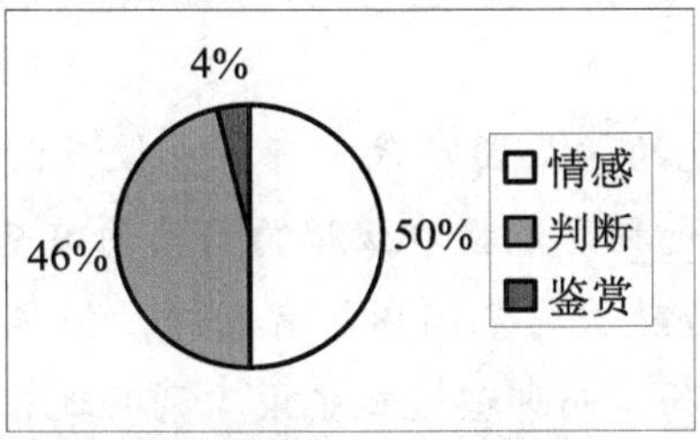


**图 1　反转基因语篇中态度资源分布状况**

道德评价策略对草根阶层产生影响主要应归因于文化和历史原因。

从文化层面看，中国传统价值观为反转语篇构建和传播提供了深厚的思想基础。处在社会转型期的大众，其文化适应过渡尚未真正完成，大部分传统思想仍然根深蒂固。例如“宁可信其有，不可信其无”“不孝有三无后为大”“试玉要烧三日满，辨材须待七年期”等被利用来威胁、恐吓人们转基因食品会致癌绝育，以此收获一大批反转信众。如：

[1]老的可以吃（甜玉米），年轻的，没成家的，没生孩子的，一律不要吃（甜玉米）!

[2]……这不是危言耸听，孩子越小抵毒能力越差的道理你应该懂得。“无后为大”，每一个爷爷和奶奶应该郑重其事，每一个爸爸和妈妈应该郑重其事……

以上两例主要是抽象出传统孝道的价值观。该反转语篇反复强调食用转基因食品会影响人的生育能力，导致家族香火无人继承，是大不孝。孟子在两千多年前提出的“不孝有三无后为大”的孝道观现今仍然禁锢着一些人的头脑（李耀宗、刘翰德、曹积仁，1981:25）。鲁迅也曾揭示中国传统文化的伦理秩序在一定程度上会剥夺人的主体意识（王劲松，2006）。因此，大众接收到“转基因导致不育”的反转言论时，容易丧失主体批判意识，忽视信息的真伪。反转者正是迎合这一传统道德观念，塑造转基因食品的反传统价值观形象，即“转基因食品导致无后，是大不孝”，以此引发大众的恐慌情绪，从而更加排斥转基因食品。这一类建构策略主要通过抽象出该话语实践中隐含的某些价值倾向来合法化其反转行为（van Leeuwen，2008：111）。反转语篇中除了利用孝的传统价值观，也还有健康价值观和爱国价值观等。

追溯历史原因，在中国历史特殊时期，一些“极端的、偏激的，甚至暴力性的语言被利用来表达社会转型中出现的问题和矛盾，加剧了不同群体之间的对抗，激化了不同阶层之间的不信任和仇视”（陈尧，2011：24），造成群体的愤怒与狂欢。

> [3]在这个物欲横流的转基因时代，有多少权贵向孟山都转基因生物集团的美元折腰，又有多少汉奸走狗为了捞取血腥的米国狗粮充当可耻的转基因推销小丑。
>
> [4]为了利益而宣传鼓吹转基因固然有问题，但拿钱办事这个逻辑还好理解，套用鲁迅的话，叫做走狗；而那些连钱也没拿到的还在鼓吹转基因的，则是“丧家的走狗”了。

以上例子中通过“汉奸”“走狗”“丧家的走狗”“小丑”等“贴标签”形式，“使用否定的、消极的标签来称呼对方以突出对立群体的异己性”（Ishtla，1999：87）。“文化大革命”期间，一旦被贴上负面标签，则将时刻背负这一罪名，导致不好的遭遇。反转语篇作者同样给挺转派频繁贴上消极的标签，由于历史的经验教训，民众不敢挺转，以免被贴上道德标签。反转语篇统计中，这类消极词汇使用比重较大（占 63%），其实质就是通过否定挺转人士来肯定自己的反转行为。

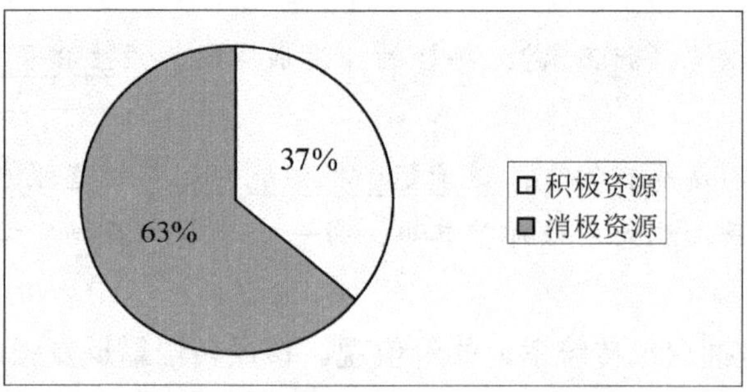


**图 2　反转基因语篇中积极资源与消极资源利用情况**

如图 2 所示，反转语篇主要通过表达负面情感影响受众对于转基因食品的情感倾向。Aristotle（1991）将劝说诉诸分为三种，即理性诉诸（人的理性思考）、情感诉诸（激起受众情感）和人品诉诸（涉及个人品格），其中情感诉诸的目的是在听众中唤起演讲者意欲诱导的情绪反应，听众或读者可以被激起同情、仇恨、欲望等情感（何晓勤，2004：7）。在反转语篇中，情感资源比重最大（占 50%，见图 1），且多为负面和悲伤的情感，其中诉诸愤怒和仇恨的情感较为显著。例如：

[5] 农业部：你们不要把全中国人都当成“小白鼠”了！赶快全面禁止种植这种甜玉米了！

[6] 中国人民很生气，农业部官员不吃转基因：不管农业部如何解释，我们都要问一句：美国人都不敢吃，你们是亲美派，是明白的，但为何敢叫中国人吃？你们这不是谋财害命吗？谁给你们的胆子？你们真把全国人民当作小白鼠了？若是想贪财，你们权力很多，为何还要贪这种钱呢？你们是不是发疯了？这真是利令智昏！

反转语料中感叹句和问句运用频繁（语料中达 300 多句，占比约 22%），这类句子大多表示对挺转人士的愤怒和不满以及对权威的质疑。例[5]中农业部代表政府，对转基因的批准有一定的决定权，而普通老百姓只能被动接受。例[6]中一连串的问号表达出对农业部的愤怒、不解和反抗来激起大众的民粹思想。“民粹主义在本质上是被统治者反对统治者的基本政治反应，这种政治反应充满着批判精神与反抗意识。”（林红，2007：71）利用这种批判和反抗意识，反转语篇作者凭借“你们”“我们”等人称代词将自己定位为普通民众一分子，主动拉近与读者的距离，迎合读者立场，与民众一起同仇敌忾，质疑农业部的动机。同时，“小白鼠”隐喻更是将普通大众的遭遇形象化，悲伤和无奈的情感渲染得恰到好处。而当某一言论能使大多数人产生共鸣并且能刺激网民心中“绷得最紧的那根弦”时，他们就会发自内心地转发、声援或声讨（李彪，2011）。

### 3.2 诉诸权威策略体现公众信任度倾向

在论证转基因食品的危险性时，反转者通过遵守精英群体话语规范取得大众信任。与精英话语中权威策略略有不同，反转语篇中的权威内容可验证性较弱，可靠度较小，主要包括专家、明星、少数机构的言论，统计数据和相关实验结果等（van Leeuwen，2008：108）。如：

[7]美国国家科学院论证了转基因食品有害健康。联合国粮农组织官员称转基因食品对人体不安全。

[8]从今天起，不管几比几，不要转基因，支持新时代的健康油。（明星Z某广

告代言词）

[9]法国研究证实转基因致癌：法新社9月19日报道，一项研究发现，喂食转基因食物的实验鼠会患上癌症……据研究者统计，做实验的这批小白鼠普遍患上乳腺癌，并出现肝脏衰竭。50%的雄鼠和70%的雌鼠提前死亡……

例[7]主要运用权威机构和权威人士的言论，论证转基因食品不安全，其中“美国国家科学院”“联合国粮农组织官员”等，“仅仅借助权威的一个命题或一句话（真假不确定甚至可能为假）来证明一个论题是真还是假”（龙小平、陈爱国，2003：28），以此影响公众对转基因食品的认知。同时，作为意见领袖群体之一，明星的言论往往具有一定的公信力和影响力。出于对意见领袖的崇拜和从众心理，尤其在突发社会事件面前，粉丝们对意见领袖的观点容易接受与附和，成为“沉默的大多数”（刘果，2014：117）。如例[8]发挥名人效应，利用广告代言词构建反转口号，不断地对读者进行心理暗示：大众喜欢的明星都公开声明抵制转基因了，那么转基因的确是危害健康的。除了权威言论的影响力，统计数据以及科学实验结果亦可增加反转言论的可信度。例[9]中法国媒体报道“新研究发现”则通过遵守科学话语的建构模式，运用权威渠道惯用的话语策略反驳转基因食品安全性。尽管这类数据来源未必可靠，研究方法和研究过程未必科学，但是能够取得普通民众的信任，说明大众对于权威存在依赖。

### 3.3 信息差策略反映公众对知情权的渴望

[10] 农业部幼儿园禁止转基因食品！（农业部明明知道转基因食品有害，自己的后代不吃，却大量进口让全国人民去吃！）

[11]你们不知道，因为中国的媒体从不报道！你们同样不知道，奥运会、世博会、G20峰会等所有在中国召开的国际会议一律禁止转基因，你们还不知道，农业部等部委的特供中绝不含转基因。

例[10]通过制造信息差引出知情与否的差别待遇。例[11]层层深入，以揭露不为人知的消息为出发点，唤起民众的知情权意识。假借转基因知情权制造官民对立，这正好契合了网民的现实社会情绪（王创业、张蕊，2015）。该对立中普通民众成为信息差的受害者，极易激发民众内心的不平等情绪，取得大众信任，最终实现由于转基因安全性不公开问题引发的“社会不公”的集体批判（杨柳，2015：81）。这一类建构策略反映出受众对于知情权的渴望，由于缺乏转基因的权威信息，各类猜忌和疑惑被反转语篇建构者利用以混淆公众的判断。

反转现象正逐渐发展成为一种大众文化，民众不能够默契、妥协和认同挺转文化并有意识地避开、抵抗精英意识形态进而重构自己的意识形态（参见 Fiske，1989）。反思这一话语实践背后的社会意识形态意义，可知反转语篇在公共话语空间内与大众协商取得一致，其生命力才得以延续。反转语篇建构策略虽具有情绪化、道德化和非理性化的特征，但其"在一定意义上扮演了民意信息反馈的作用"（李大勇，2014：100），反映出大众对于话语权、知情权的社会心理诉求，因此正确理解反转语篇有助于引导转基因争议舆情走上正确的道路。

## 4. 挺转语篇霸权文化

挺转语篇中话语建构具有精英话语的语言特征。精英话语体系历来以诉诸逻辑为主，其在话语策略上则主要利用权威机构发布的言论、科研论文、真实数据等（如策略 1）。但与此同时，由于专业知识垄断赋予各领域精英话语的霸权地位，使圈内人与圈外人分隔明显，其话语再现易形成"资格说"等现象（如策略 2）。"语言选择可以建构出讲话人的性格、身份及社会关系"（田海龙，2009：200），精英资格说以身份排他策略暗示出反转群体与挺转群体的"权力差"，其政治立场与人民大众和民主思想相悖，无形中将自己定位在大众的对立面。然而，少数挺转成员亦认识到由精英文化霸权造成的与大众之间的鸿沟，主动改变挺转话语策略（如策略 3），顺应大众心理，利用情感诉求取得大众的信任并进行平等对话。这其中，诉诸权威和情感策略在反转语篇中也有涉及，但挺转语篇中其诉诸的内容有所不同，因此其语用效果亦不一样。

**策略 1：利用权威机构和实验数据**

在挺转语篇建构中，诉诸权威策略的内容可靠性更强，可验证程度更高，其包括准确的科研数据、翔实的转基因科研报告、众多的政府和科研机构担保转基因安全性等。具体如下：

> [12]《转基因作物：经验与展望》报告长达 388 页，由 50 多位科学家组成的委员会耗时两年撰写而成。报告详尽分析了过去 20 年中约 900 项关于转基因技术的研究报告，召开了 3 场公开听证会和 15 场网络研讨会，听取了 700 余条公众意见……

例[12]通过诉诸权威机构发布的报告阐明转基因食品的安全性，"50 多位科学家"

表明该报告的可靠性，“20 年”表明研究时间跨度较大，分析内容不仅数量较多，而且涵盖面较广，包含研究报告、听证会、网络研讨会、公众意见等。

［13］世界卫生组织（WHO）（联合国系统内的卫生指导与协调单位）……欧盟委员会（EC）（欧盟的执行机构）“历时逾 25 年、500 多个独立科研团体参与的 130 多个科研项目工作得出的主要结论是：生物技术，特别是转基因技术与传统作物育种技术安全性相当。美国科学与健康委员会……

［14］通过对美国《科学引文索引》全部科学论文（SCI）的检索与阅读，得出绝大多数研究成果（9000 多篇，占比 90%）表明转基因技术是安全的和可控的；几乎所有得出转基因食品不安全结论的论文（占比 10%），均被证明是错误的……

例[13]诉诸“世界卫生组织”“欧盟委员会”“美国科学与健康委员会”等 20 多家权威机构论证转基因安全性。而例[14]通过对比科研成果数据，证明转基因食品的安全定论。科研论文来源权威，且告知受众 10%的证明转基因食品不安全的论文存在研究过程不科学、过程不规范，排除其结果的可靠度，消除受众的担忧。

**策略 2：利用身份排他性**

话语本身就是权力形式，某一话语产生的结果就是权力产生的结果（吴猛、和新风，2003）。挺转话语反映出挺转精英的权力形式，体现在话语策略上则出现利用身份地位排除他人的做法。

［15］你当然可以选择不吃（转基因食品），但是不要传谣阻碍中国农业技术发展。我科普的是各国际权威科学机构认可的科学，你根本不懂，有何资格质疑？……质疑科学问题，就需要资格，不一定非要有博士学位，但至少得让专业人士相信你懂行……

［16］……说句老实话，你有什么资格跟我谈黄金大米的科学问题呢？

自 2013 年方崔微博激战以来，转基因话题一度被推到舆论的风口浪尖上，两人不顾场合的唇枪舌剑，使公众更加质疑转基因食品的风险。例[15]摘自生物化学博士兼科普作家 F 的言论。例子中反问句“你根本不懂，有何资格质疑？”暗含“我懂，我有资格科普而你不懂，你没资格质疑”之意。F 强调质疑科学问题要有懂行的资格，企图通过其身份、地位优势压倒反转方，很容易激起大众的逆反心理。Silver（1994）认为因垄断产生的共同体会对外部者不公平，并且往往被排斥者既是外部人，也是大多数人。F

的回应不仅脱离“转基因是否安全”这一争论本身，也将自己置于大多数的对立面。同样，例[16]中来自另一位教授 L 的争论回应也相应地暴露出精英话语的霸权现状。这位教授虽然是一名知识精英，可是他的话语选择构建出自己是处于优势地位的知识阶级。但是“真的知识阶级”不听命于任何权威，发表的是倾向于民众的思想（胡梅仙，2013）。然而，该教授在发表言论时并未考虑到这一点，他的“资格”说法无意中将自己放到了民众的对立面。

“科学的话语权不应被专家垄断，公众都有权发表意见”（江晓原、方益昉，2016），公众的言论本就无法做到专业、内行，所以更需要专业精英加以正确引导，而精英话语体系未能充分考虑大众的接受度，因此阻碍了反转群体与挺转群体顺利互动。

**策略 3：诉诸情感**

新媒体发展使民众话语权提升，精英话语权削弱，两者话语权的博弈亦揭示出精英话语权消解与重构的过程（张炳杰，2016）。反转先入为主占得大众市场，挺转群体则可通过重构自己的话语体系，顺应大众心理，扭转当前不利形势，重新赢得大众的认同和信任。如下例：

[17]……而人类寿命的延长你就不提！没有病理学上的任何联系嘛！况且发病率增加在前，转基因推广在后嘛，你这不是威胁、恫吓民众吗？……你可以不懂转基因，但对国家严格的转基因安全评价体系及政策，可有过一次回应？可向你的粉丝解释过一次？……专家群体无奈着、“傻逼”着、忍受着！窝囊吗？委屈吗？……谁落后，谁就无缘新一轮生物经济蛋糕的分割！……

例[17]是某广东海洋大学农学院教授 Y 通过《别了，转基因——致反转先锋们》一文向大众解释转基因。全信一共 67 句话，其中感叹句、问句和反问句占 42 句，比重之大可知此语篇中情感策略占主导地位。摘录中“你这不是威胁、恫吓民众吗？”“专家群体无奈着、‘傻逼’着、忍受着！窝囊吗？委屈吗？”等构建作者局外人的视角，以使自己的言论显得更为客观公正。例子中塑造的“你（反转人士）”“民众”“专家”的形象暗示出他们三方的关系：无辜的百姓、无奈的专家群体都成为别有用心的反转人士的牺牲品。与反转语篇中诉诸愤怒和仇恨的感情有所不同，此处挺转语篇通过示弱、诉诸同情，展示出挺转群体进退两难的境遇，能引起更多人共鸣，同时也诉诸恐惧，将百姓被反转者愚弄的真相展现给大家。在这封信中，属于精英阶层的 Y 放弃一贯的逻辑诉求，而以情感诉求为主，由此精心策划其语言选择以获得大众认同，起到良好的共情效果（参见

Liu & Ouyang，2016）。

新媒体时代下，民众话语权意识增强，挺转科普话语策略也应做出相应改变以适应大众心理。一味秉持旧有的话语体系不仅使转基因科普收效甚微，而且易与公众之间形成鸿沟。反观反转基因语篇，其话语策略应和民心，所以更容易获得大众的支持。

## 5. 结语

作为当下社会争议事件的话语分析，本研究具有重要的社会意义和学术意义。一方面，该争议事件研究对社会网络舆情引导具有一定的参考价值，同时有助于政府更好地理解社会反转现象，从中发现真实的民意，采取正确的舆论引导方式，制定恰当的法律法规，以推动我国网络安全制度的完善与发展。另一方面，批评性话语分析的研究方法融合历史语境因素解构转基因食品语篇，为理解转基因争议事件提供新视角，为转基因科普话语建构提供更多的话语路径选择。

**参考文献：**

Althusser, L. 1968. Ideology and ideological state apparatuses. *Mapping Ideology*, (4): 300-304.

Amin, L., Z. Mahadi, A. L. Samian, et al. 2013. Risk perception towards food safety issues: GM foods versus non-GM foods. *Journal of Food Agriculture & Environment*, (1): 28-35.

Aristotle. 1991. *The Art of Rhetoric*. London: Penguin Books.

Fairclough, N. 1989. *Language and Power*. London: Longman.

Fairclough, N. 1995. *Critical Discourse Analysis: The Critical Study of Language*. New York: Longman Publishing.

Fiske, J. 1989. *Understanding Popular Culture*. London: Unwin Hyman.

Foucault, M. 1979. *Discipline and Punish*. New York: Random House.

Ishtla, S. 1999. Language and Ethnicity. In Thomas, L. & Wareing, S. (eds.). *Language, Society and Power: An Introduction.* London: Routledge.

Liu, Q. & H. H. Ouyang. 2016. The recontextualization of revolutionary symbolic capital in Chinese online grassroots discourse. *Discourse & Society*, (5): 500-515.

Lu, X., X. Xie & J. Xiong. 2015. Social trust and risk perception of genetically modified food in urban areas of China: The role of salient value similarity. *Journal of Risk Research*, (2):

199-214.

Lv, L. & H. D. Chen. 2016. Chinese Public's Risk Perceptions of Genetically Modified Food: From the 1990s to 2015. *Science, Technology & Society*, (1):110-128.

Martin, J. R. & White, P. P. R. 2005. *The Language of Evaluation: Appraisal in English*. New York: Palgrave MacMillan.

Silver, H. 1994. Social exclusion and social solidarity: Three paradigms. *International Labour Review*, (5): 531-578.

van Dijk, T. A. 2001. Multidisciplinary CDA: A plea for diversity. In R. Wodak & M. Meyer (eds.). *Methods of Critical Discourse Analysis*. London: Sage Publication.

van Leeuwen, T. 2008. *Discourse and Practice: New Tools for Critical Discourse Analysis*. Oxford: Oxford University Press.

Wodak, R. 2001. The discourse-historical approach. In R. Wodak & M. Meyer (eds.). *Methods of Critical Discourse Analysis*. London: Sage Publication.

陈尧，2011，网络民粹主义的躁动：从虚拟集聚到社会运动，《学术月刊》，第 6 期，24-29 页。

何晓勤，2004，演讲 • 劝说 • 诉诸 • 语篇，《外语与外语教学》，第 11 期，7-9 页。

胡梅仙，2013，“特殊智识阶级”与“真的知识阶级”——鲁迅关于知识阶级的思考，《浙江大学学报（人文社会科学版）》第 2 期，169-181 页。

胡壮麟、朱永生、张德禄等，2006，《系统功能语言学概论》，北京：北京大学出版社。

贾鹤鹏、范敬群，2016，知识与价值的博弈——公众质疑转基因的社会学与心理学因素分析，《自然辩证法通讯》，第 2 期，7-13 页。

江晓原、方益昉，2016，《科学中的政治》，北京：商务印书馆。

康亚杰、彭光芒，2016，转基因话题微博谣言传播的“回声室效应”，《新闻世界》，第 4 期，48-53 页。

李彪，2011，《谁在网络中呼风唤雨》，北京：人民日报出版社。

李大勇，2014，谣言、言论自由与法律规制，《法学》，第 4 期，100-106 页。

李鸿春，2014，《社会科学类综述语篇评价意义分析》，华中师范大学博士学位论文。

李铁，2011，剖析中国式的转基因谬误与谣言，《湖南农业科学》，第 16 期，9-12 页。

李耀宗、刘翰德、曹积仁，1981，略析“不孝有三无后为大”孝道观，《人口研究》，第 4 期，25-29 页。

林红，2007，《民粹主义——概念、理论与实证》，北京：中央编译出版社。

刘果，2014，微博意见领袖的角色分析与引导策略，《武汉大学学报（人文科学版）》，第

2 期，115-118。

刘金荣，2013，基于 SNA 的突发事件微博谣言传播研究，《情报杂志》，第 7 期，78-82 页。

刘旭霞、李洁瑜、朱鹏，2010，美欧日转基因食品监管法律制度分析及启示，《华中农业大学学报（社会科学版）》，第 2 期，23-28 页。

柳青，2016，《草根话语的力量从何而来？——传统“民粹”话语在网络空间的重新语境化》，广东外语外贸大学博士学位论文。

龙小平、陈爱国，2003，“引证权威”与“诉诸权威”谬误辨析，《黔南民族师范学院学报》，第 1 期，27-29 页。

庞道华、解瑞宁、隋云南，2017，大学生转基因食品知识态度行为调查，《职业与健康》，第 5 期，676-678 页。

唐铮、符策旭，2017，新媒体的信息点评估及舆论波动规律——以微博转基因视频的舆论流变为例，《当代传播》，第 5 期，104-106 页。

田海龙，2009，《语篇研究：范畴、视角、方法》，上海：上海外语教育出版社。

王创业、张蕊，2015，被框架的网络事件：用对立制造认同——以 2014 年网络热点事件为例，《宜宾学院学报》，第 4 期，74-79 页。

王劲松，2006，“知识分子原罪意识”与民间立场的认同——论鲁迅、托尔斯泰、张承志民粹思想的双重文化心理，《江淮论坛》，第 4 期，152-157 页。

吴猛、和新风，2003，《文化权力的终结：与福柯对话》，成都：四川人民出版社。

杨帆、佘升翔、陈璟等，2017，基于不公平感的谣言对转基因风险评价的影响，《心理科学》，第 4 期，941-946 页。

杨柳，2015，天涯论坛网络公共话语表达的分析——以“方崔”转基因论战为例，《东南传播》，第 6 期，79-82 页。

曾亚平，2009，从批评性话语分析角度解读奥巴马的总统选举获胜演讲，《外语与外语教学》，第 2 期，19-21 页。

张炳杰，2016，新媒体场域精英话语权的消解与重构，《当代传播》，第 5 期，92-94 页。

张明杨、章棋，2016，消费者转基因食品态度研究的调查方法荟萃分析——基于 SCI、SSCI、CSSCI 等索引的统计，《统计与信息论坛》，第 6 期，98-105 页。

张新苗，2016，微博传播中的谣言现象研究——以新浪微博“转基因大豆致癌”谣言事件为例，《新媒体与社会》，第 1 期，158-172 页。

张忠明，2015，转基因食品标识阈值问题研究，《食品科学》，第 9 期，254-259 页。

## Critical Discourse Analysis of Discourse on Genetically Modified Food

Lin Jinrong, Guangdong University of Foreign Studies
Ouyang Huhua, Guangdong University of Foreign Studies

**Abstract:** In recent years, GM (genetically modified) food has always been a controversial topic in China. To better understand this linguistic phenomenon, this paper takes the perspective of Critical Discourse Analysis (CDA) to investigate the constructing mechanism of grassroots discourse of anti-GM food and elite discourse of pro-GM food. The results reveal that emotional appeal and ethical appeal are two major discursive strategies involved in constructing the discourse of anti-GM food, while strategies in the discourse of pro-GM food indicates hegemonic ideology. In the revolutionary period, the discursive power relations between the public and the authority, the anti-GM group and the pro-GM group are influenced by many historical as well as realistic factors. Based on the multi-analysis of the power relations and the ideologies hidden in discourse of anti-GM food, this paper attempts to improve the public's critical thinking ability so as to build a more rational society.

**Key words:** Critical Discourse Analysis (CDA), Discourse of GM food, Discursive rights

**作者简介：**

林金容，博士。研究方向：话语分析。

欧阳护华，博士，教授，博导。研究方向：话语分析、英语教育。

**论　文**

《话语研究论丛》第六辑
2018 年

# 地产广告话语中的商品化身份操控与边界划分*

◎ 姚晓东　　北京林业大学外国语学院

**摘　要**　作为身份建构的重要维度，消费实践在身份建构和人际关系操控中发挥重要功能。本文基于地产广告话语语料，借助商品化身份和空间身份视角，探究话语中的受众设计，揭示话语底层的意识形态和隐性身份操控。研究发现，地产广告话语在引导受众的空间身份意识、塑造其商品化身份和文化身份的同时，划定空间边界进而实施人际关系的联结与分化功能，凸显了话语对社会现实的介入作用。

**关键词**　地产广告话语；受众设计；商品化身份；联结与分化

## 1. 引言

作为中国传统文化中的重要概念，家园既是安身立命之处，也是情感寄托的港湾。房产作为家园的载体，不仅是财力的象征，更是身份的标志。正是基于这一基本认定和考量，地产广告中蕴含着明显的受众意识和强烈的身份管控自觉。例如：

（1）罗马假日——贵族生活 100 年

（2）中信星光名庭——高台府邸，尊贵领地

（3）万科 · 金域蓝湾——寻找真正懂得享受生活的人

上述地产广告在居所和消费者身份之间建立了关联：拥有某处房产就获得了某种特定身份。地产商及其广告话语无形中充当了公众消费的策划者和引领者，通过向受众灌输某种消费意识和理念，引领特定的生活方式，而不是相反。商品也因而超越其基本的

* 通讯作者：姚晓东
联系地址：北京林业大学外国语学院
电子邮件：yaoxdd@126.com

使用属性，演化为一种象征符号和消费主体的属性载体，成为协商和建构身份的重要资源。地产话语借助对地产与受众身份之间关联隐喻的深刻把握，唤起购房者的身份意识，在为受众设定想象空间的同时，满足其商品化身份诉求，购房行为也因此实现了消费主体的自我价值定位和空间身份认同。

先期研究更多地关注地产广告的具体创意视角和语言特色、语用策略或多模态人际意义分析（高航，2002；侯建波，2014；刘昕，2012；徐协，2002），而从话语分析角度对地产话语中的受众意识及身份建构等因应之道的探究仍需进一步充实（李颖，2014），对话语中的身份操控突出不够（姚晓东、秦亚勋，2016）。基于这一现状，本文结合特定受众的商品化身份意识，突出先前地产话语研究中未得到充分重视的空间身份建构与人际关系的联合/分化功能，挖掘其底层的隐性意识形态。

## 2. 地产广告话语及其受众设计

地产广告是指房地产开发商、中介机构发布的房产项目预售、出租、转让以及其他地产项目介绍的广告。作为变数高、区域性强的一次性涉深产品，地产的特殊性决定了此类广告话语和其他商业广告既有相同的导向功能与说服取向，也存在一定的差异。

多数地产广告属于“促销广告”，其主要目的在于传达楼盘信息，吸引客户；“形象广告”则以树立开发商和楼盘的品牌形象、给人留下整体的长久印象为目的；以倡导全新生活方式和居住时尚为目的的宣传话语则属于“观念广告”，例如“广州后花园”概念盘就意在传播一种“在繁忙紧张的工作之余前往郊外居所享受轻松生活”的新观念。当然还有以软性广告形式出现的“公关广告”，如在大众媒介上发布的加盟、联谊通知，各类祝词、答谢词等。鉴于形象广告和公关广告主要定位于长远目标，本文聚焦促销和观念广告话语，揭示其更具针对性的身份塑造、关系分化等人际功能，进而实现说服的目的。此类地产广告遵循特定的模式，一般包括楼盘的周边大生态与社区小环境，前者包括智力气候与物理特性，如地理位置、交通条件、周边设施、人文环境等潜在的升值因素，后者包括绿化、容积率、车位、物业管理等内部环境。此类话语的设计具有很强的消费群体指向性。

不可否认，较之于其他广告话语，地产广告对消费者的吸引诱导作用相对较弱，能否形成购买行为关键还在于商品自身是否符合消费者需求，但广告宣传对引发目标客户关注、激发兴趣、提升购买欲望的作用毋庸置疑。销售广告以深具吸引力、说服力与记忆点的广告话语和震撼人心的方式，把产品中与消费者最相关的部分巧妙地传达给受众。而“身份诉求”无疑是有力的途径之一。地产广告隐含着品味格调、阶层地位等受众指向与身份定位，实施着隐性的人际关系“联结与分化”功能（Arundale，2010）。广告的本质决定了隐藏其中的“默认买卖关系”，但广告商可以根据特定受众，借助话语建构“变异关系身份”（何荷、陈新仁，2015），拉近买卖双方的心理距离，进而实现促销目的。在精心打造的营销策略和广告话语面前，理性消费者的抗阻性也会消退、瓦解甚至于最终“缴械投降”。

## 3. 地产话语中的空间意识与商品化身份建构

话语不仅反映客观现实，蕴含隐性意识形态，而且具有实践功能，通过改变受众的认知状态、引发行动进而介入和改变社会现实（Fairclough，1992；Scollon，2008）。而身份并非本质主义的个体属性，而是关系实践和修辞构筑的产物，其话语本质决定了它不但可以在话语中体现，也在其中得以建构、协商和改变。空间是身份的重要维度，在身份建构中发挥重要作用。空间和位置已不是先在的静态客观概念、抽象的同质范畴和社会活动的容器或“中立网格”（Gupta & Ferguson，1992：7），而是可以不断建构、动态的思维和行动工具。空间与主体之间存在着辩证关系：主体建构空间，空间塑造主体，在承载主体、限制其活动的同时积极塑造主体，为他们提供身份建构的机会（Benwell & Stokoe，2006：211；Pile & Thift，1995：4；姚晓东、秦亚勋，2016）。作为主体对空间施加作用的一种方式，话语实践塑造空间位置，“地方”在叙事中得以界定。

房地产的地理位置、交通条件等因素决定房产的价值，划定其中心与边缘性特征，并在一定程度上“规定”了房产所有者的身份地位与品味格调。这一特点在广告中得以凸显，广告话语在这一过程中为物理空间赋予特定的文化象征意义，对空间的所有者进行身份赋值与定位，借助言辞的象征力量表达评价态度，实施身份分化功能。多模态也为这一符号意义的实现提供了助力。Said 曾认为，“空间表征在空间的生产中具有实质性的功能和特殊影响，介入空间建构”（Lefebvre，1984：43）。地产话语借助自身的建构性塑造购买者的社会身份，彰显其象征资本，在空间和身份之间建立关联，影响和引导受众的消费行动。在这一视角下，房产与特定身份品味挂钩，在表征主体身份的同时传递象征意义，成为一种社会隐喻。

当上述关联固化为社会共识和隐性的意识形态，购买者会有意识地借助消费行为实施身份建构，完成所谓的“身份商品化”过程。商品化身份（commodified identity）关涉 4 个方面：消费者身份、借助消费行为实施身份商品化的过程、商品化语境下的身份再现，以及自我商品化话语。消费实践被社会结构化，人们根据现实或想象身份进行消费，消费因而成为表征特定群体成员身份和归属的符号，反映和区分社会阶层并充当身份象征和塑造的主要手段（Benwell & Stokoe，2006：165-167），进而成为一种“文化资本”（Bourdieu，1984）。不同阶层借助商品和消费实践在社会中定位自我，在消费与自我实现之间建立关联，在社群之间建立关联或实施分化。商品和生活方式的象征功能反过来又影响消费观念和行为，使消费者对物品的需求超越初始的实用功能上升到文化层面。客体的实用价值逐渐被符号价值取代，基于分化要求的驱动，现代消费变成了对新身份永不满足的追求（Baudrillard，1998：61）。在这一社会价值观的驱使下，人在某种意义上就等同于他所依凭的物质载体。

地产就是这样一种身份载体。地产广告承担着说服潜在消费者实施购房行为的动员、催化功能，在协商、建构受众商品化身份的同时诱发消费行为。Bauman（1993）指出，消费是身份的重要塑造者和群体归属的关键部分，而商品是构筑连续社会方式的质料。房产具有社会文化象征意义，人的价值可以借助居所来判断。对房产的渴望成了对其所代表的符号价值的诉求。此时，房产的“实用价值让位于标示意义，成为一种徽章或阶层符号”（闫桂娥、赵丽红，2008：78）。在这种意义上，房产的功能被置换。地产商对物理实体的再现赋予它一定的“魔力”，超越语言层面进入文化符号层面（Hall，2013：20-26），即经历了“从外延到内涵”的转变，前者是简单的基本质料和实体的描写层，后者则触及文化语义场域和社会意识形态，从实体/场景进入文化象征，因此更具一般性、全局性和漫散性，其象征意义与文化、知识和历史密切勾连。正是通过它们，物理环境世界侵入表征体系，这一过程即 Barthes 所说的“神话”（myth，1972：91-92，119）。下面的例子可以说明这一现象。

> **富力惠兰美居**缔造全新的风尚空间，把握品位需求，把深受青睐的新古典风格建筑和欧式园林移植于此，**全力**浇灌，**力图**创作出经得起时间考验的经典作品。作为富力地产的温情之作，惠兰美居传承富力地产 20 年品牌血统，以品质冠绝京城。富力惠兰美居占地 29.4 万平米、建筑面积 46.6 万平米的宜居生活社区，2.5 低容积率，舒适尊雅。项目追求**极致的**设计理念，吸引品味圈层于此集聚，为通州增添一抹时代风尚气息。
>
> 项目以新古典建筑的荣光，演绎时代的魅力，园林规划以浪漫、高尚为蓝本，汲取简欧式园林从容、优雅和大气的内涵，花钵、景墙、座椅、点景树、木平台以及入口特色铺装，配合光影斑驳的水景园林，营造出气派又**极具**品位的空间魅力。在每一个灿烂的午后，您**可以**细品蓝天白云的瞬间灵动。享受和煦的阳光和浮动的暗香，将生活**尽情地**雕刻、发掘，感受生活的精致和美妙，每一天都诗意盎然。
>
> **紫金新干线项目**富有前瞻性的整体规划，特聘知名机构精心设计的园林景观，

> 时尚简洁的建筑外观，**处处**彰显城市新贵的独特品味。不超过 10 层的板式小楼，南北通透的多种户型，**只有**在高档公寓里**才可**享受到的一梯两户的尊贵配置，在满足高品质生活需求的同时，也彰显出主人的地位，实现品位与功能的高度统一。随着北京轨道交通网络化的实现，“新干线”已经成为北京时代精神的象征。**不仅**拥有着安全快捷的出行方式，**而且**提升了工作效率，**更**使生活有了质的飞跃，自由境界得到了**全新的**升级。

话语对空间的美学、情感品性的建构作用不容小觑，它把特定处所塑造成令人向往的地方，并借助主体与空间的关联和情感界定自身归属、品格与品味（Benwell & Stokoe，2006：218）。这里，地产广告借助“评价资源”中的态度系统（Martin & White，2007），对地产进行“鉴赏”（appreciation），对相关生活状态进行“判断”（judgement），极力凸显楼盘的品味格调和价值，以此“推销”特定的生活方式，呼吁一种文化认同。

比如，“惠兰美居”以其“从容、优雅和大气”的内涵为业主带来“精致、静谧且富有诗意的生活”，突出了对田园世界的哲理思考，相对于现代化单向度的发展模式，返璞归真的田园意境和追求具有了更加多元的可能性，传递出不同的生命形态与格调，强调了未被都市理性文明规训的文化空间。居住者在享受精致生活品质的同时，远离喧嚣浮躁，体验隐者的超脱淡泊和内心的自由宁静。同样，“紫金新干线”把业主定位成“城市新贵”“尊贵的主人”，评估其独特的生活品味，在契合时代精神的同时充分享受自由洒脱。此类广告话语在传递楼盘信息的同时，体现出深层次的文化诉求，迎合了消费者的情感心理认同，借此影响人们的居住方式、社会关系和文化生活理念（李颖，2014：500）。同时，这两则广告借助级差（graduation）系统中的语势（force），强调事态的强度，借助聚焦（focus）强调范畴的典型性或确切性。前者如“极致的设计理念”“极具品位”“全新的升级”“不仅”“而且”“更”等对质量（quality）的强度强化，以及“全力浇灌”“力图”“尽情地雕刻”“处处彰显”等对过程（process）的强化，表明广告商最大程度地认同话语所提及的价值立场；后者如“只有……才可”这一锐化性聚焦，表达正面态度，把自己的价值立场最大化，继而与读者结盟，突出“紫金新干线项目作为高档公寓”的典型性。而“可以细品蓝天白云的瞬间灵动”则体现出广告话语创作者对事态的介入（engagement）程度。

可见物理空间并非客观中立的现象，而是主体符号实践建构的产物。空间的意义不仅在于其物理存在，也取决于话语的描述和范畴化方式。在消费社会，消费成为一种象征个体社会身份的价值符号和新型意识形态，人们从中“获得价值意义和自我想象，彰显身份地位和价值观念”（张伟、周群，2010：224）。

## 4. 地产话语中的意识形态与关系操控

作为对现实的建构和维系要素，语言并非道义中立，而是蕴含着特定的意识形态。处所本身并无固定特征，而是与语言实践相关，其好与坏由叙事主体建构并取决于叙述语境。人们关于地方的讲述提供了多重意义，叙述方式对于主体是否归属某地和特定群体的身份宣认具有重要的意义（Taylor，2003：201）。空间维度承担着身份建构、关系汇聚和分化功能，话语的关系“联合与分化”作用为主体的社会身份和关系协商开辟了新视角（Don & Izadi，2011），话语主体有意识地借助处所和隐性边界进行身份管理与操控。

基于这一认定，地产广告通过在受众心中树立“借助身在何处表达自己是谁”的认知，从而实施说服活动。当地方和身份之间的关联隐喻确立之后，关于地产的叙事就会树立一系列的隐性对立，如中心/边缘、喧哗/静谧、尊贵/平常等，形成隐性行动边界并引导、规训人类活动，生成接纳和排斥的空间，在空间中划定群体归属（Benwell & Stokoe，2006：240）。请看如下例子：

> **夏纳 35 号**项目距北三环 1000 米，北四环 200 米，位于花园北路 35 号。开车到清华大学、北京大学 7 分钟，步行到地铁 10 号线牡丹园站 A 口 10 分钟，步行 8 分钟即为翠微百货，是目前中国学府气息**最浓**的高智慧人士首选生活区。夏纳 35 号的生活，每一刻都无比精彩，每一处都是珍惜。
>
> 项目坐拥京都**核心**贵地，环顾项目周边，区域内居民主要由国家邮电部、邮电科学院、中国卫星通信公司、国家技术质量监督局、市科委、航天部 502 所、北大清华等国际一流大学执教人员构成，形成**独特**的“人文之国”。城市之中，悠然生活。……周边配套齐全，学校、医院药店、邮局、银行、酒店、餐饮、购物、文化娱乐一应俱齐，堪称**最具国际化特征的**北京高端成熟生活区。

地理位置一定程度上明确了住宅的符号价值，这些社会符号在标记社会等级的同时，可能会引发社会分层。地产话语的一个基本预设就是地产消费以身份诉求为目的，住宅地域分区标明了各居民阶层与社会精英所代表的“社会中心”之间的距离。消费和居住场所成为划定人际关系的标准，地产因而成为划分社会阶层和塑造身份的重要标尺。购买特定房产就获得了相应目标圈层的社会标签和文化象征。区域差异表面上是客观的、物质的，而实际上是心理和精神上的。地域上的距离实际上是阶层与身份的差异，住宅区域上的聚合实际上是寻求身份归属的心理过程（闰桂娥、赵丽红，2008：82）。同样，这则广告借助评价理论中的级差系统，对地产范畴分级聚焦，凸显了“夏纳 35 号”的典型性（prototypicality）：它地处三、四环之间，属于“最具国际化特征的”“高端成熟生活区”，在坐拥“京都核心贵地”的同时，尽享清华北大“学府气息最浓的”“独特的‘人文之国’”氛围，这一物理和精神的核心地位使得地产拥有者成为不同一般的“高智慧人士”。

这一聚焦区分了不同地产的典型/核心与边缘性差别。身份基本上属于空间范畴，“疆界”“自我”概念需要象征性的社会文化和/或物理界线与他者进行区分。空间边界可以充当身份建构的象征资源，具有定位和导向作用，象征着一种秩序并且可以实施联结与分化功能。人们通过给某一位置赋予特定意义来认识自我，表达归属感，区分内外，形成位置身份，进而形成一种空间性（Gunn，2002：8；Hetherington，1998：106；Tester，1993：8）。身份的内涵在很大程度上由空间决定，随着身体在空间中的移动得到建构、改变或者强化，身份在身体与环境空间的互动中实现并伴随空间的流动性而产生差异。同时，空间的流动性（位置优越、交通便利）促成了主体身份的开放性和可延展性，也在某种意义上划定了所谓的社群归属的“中心”与“边缘”特性。

> **北京城建·世华龙樾**，凭依“北京城建”家国同构的雄韬伟略，甄选海淀区北五环学府要地，**独踞**上地、中关村、东升科技园三大科技产业核心，横贯“三山五园”与奥林匹克的黄金国家公园带，纵揽北京中轴，以新“十字中轴”的珍罕地理，为中国脊梁人群的知贵阶层量身订制**专属**宅邸，宏构“中国梦”时代下的人文地标。北京城建·世华龙樾选取法式经典园林，创新演绎中西合璧下的园林盛景。仅5层、9层的欧式新古典建筑，以具知贵风范的学院立面、城市罕见的低层规划，隐于浓荫之中，构成具有文化景深的经典社区，为世人留下一个传奇所在。

这则广告话语着眼于楼盘的核心地理位置，把高等学府、科技产业核心、中轴线、黄金公园带等界定为相对于其他边缘地域的“中心位置”“黄金地带”“学府要地”，突出该社区的人文气息、周边配套、中西合璧的风格，以及理性与感性的完美结合。身居其中的是“中国脊梁人群的知贵阶层”。同样，级差系统中的锐化聚焦（sharpening），“**独踞**核心位置”“**专属**宅邸”凸显了房产业主社会精英的“确切性”“成员唯一性”。与其他地处偏远、非著名设计公司打造的“文化荒漠”相比，世华龙樾具有不可比拟的优越性。作为特殊的消费品，住宅事实上被抽象为身份归属的符码，其地理位置在一定程度上明确了住宅的符号价值（闫桂娥、赵丽红，2008）。地产话语中的品格定位、格局架构在指向特定消费者的同时也设立了隐性边界，无形中把不合期待的群体排除在外，暗含了行为的潜在制约和规范作用，体现了话语的关系分化作用。这一话语底层蕴含着特定的意识形态：住宅与居住者的经济实力、社会地位和品味格调相关，房产具有排他性，

在精英与大众、尊贵与普通之间形成对立。“群体特征与地理的结合揭示了群体间的不平等关系。”（克朗，2005：78）

作为主体的活动场所，空间在呈现显性边界的同时也包含着一定的评价功能（Benwell & Stokoe，2006：210-212，223，232）。不断重复的空间定位强化了特定群体和地产之间的关联，同时评判、约束主体的言行举止与格调品味，把不合乎这一空间身份定位的行为排除在外。

> **香山四季**项目位于海淀香山板块、万柳高档生活区与西山别墅带之间，尊享三大高人文高品质居住区的精致生活氛围，同时又占尽四环、五环交通的便利，同时东邻海淀高等院校及教育机构集聚地。香山四季根植于拥有丰富历史文化沉淀香山脚下，抬头可揽苍翠西山，层峦叠嶂，碧水澄澈，青山秀丽，尽享三山五园贵气，片刻又置身京城各大商圈，如此穿梭于历史与现实之间让居者同时拥有融入社会名流又藏身于山水之间的大隐风范。香山四季不仅具有优越的地理位置更有京城六大高尔夫环绕以及完善的生活教育配套。香山四季作为香山板块多年沉淀出的新盘秉承了低密度的水景大宅典范，更打造出顶级风范的精装墅宅。

一定程度上，地产成了外界评判其所有者的途径和身份标志，承载了居住功能之外“赋予使用者社会地位和权威的功能”（闫桂娥、赵丽红，2008：80），成为展示身份归属的物质载体。香山四季的定位是高人文、高品质居住区，生活氛围精致，既具社会名流的贵气，又有藏身山水之间的优雅，集历史与现实、华贵与恬淡于一体。上述评价话语引导着特定受众根据自己的想象身份和认同进行自我重构，并在一定程度上把不符合上述贵族气质要求的言行举止和群体排斥和剥离出来。空间为我们在世界舞台的自我再现方式提供了想象，也为此类表征的感受提供了虚构（姚晓东、秦亚勋，2016）。身居特定空间就获得了一种文化资本和身份标签，这一空间就具有了对身在其中的主体进行“规训”的力量，要求主体对自身的行为进行反思，使之符合特定社区的身份格调与品味要求。

## 5. 结语

某种意义上，房产已经成为社会阶层和身份的编码，特定的地产具有具体的象征意义和身份表征功能。正是基于这一社会认知，地产话语针对具体受众采取特定的叙事策略，塑造特定的商品化身份。这一话语底层蕴含着一定的隐性意识形态，实施人际关系的联结与分化功能。本文通过分析地产广告话语，呈现其中蕴含的受众意识，以及对潜在地产消费者身份定位的关系分化与联合功能。这一话语实践既是对商品化空间身份的投射与反映，更是人际关系的协商与建构，这一话语分析实践也体现了话语对社会现实的介入和干预。

**参考文献：**


Arundale, R. 2010. Constituting face in conversation. *Journal of Pragmatics*, (8): 2078-2105.

Barthes, R. 1972. *Mythologies*. London: Cape.

Baudrillard, J. 1998. *The Consumer Society: Myth and Structures*. London: Sage.

Bauman, Z. 1993. *Postmodern Ethics*. Oxford: Blackwell.

Benwell, B. & E. Stokoe. 2006. *Discourse and Identity*. Edinburgh: Edinburgh University Press.

Bourdieu, P. 1984. *Distinction: A Social Critique of the Judgment of Taste*. London: Routledge.

Don, Z. & A. Izadi. 2011. Relational connection and separation in Iranian dissertation defences. *Journal of Pragmatics*, (15): 3782-3792.

Fairclough, N. 1992. *Discourse and Social Change*. Cambridge: Polity Press.

Gunn, S. 2001. The spatial turn: Changing histories of space and place. In S. Gunn & R. Morris (eds.). *Identities in Space*. Aldershot: Ashgate.

Gupta, A. & J. Ferguson. 1992. Beyond culture: Space, identity and the politics of difference. *Cultural Anthropology*, (7): 6-23.

Hall, S. 2013. The work of representation. In S. Hall, J. Evans & S. Nixon (eds.). *Representation*. London: Sage.

Hetherington, K. 1998. *Expressions of Identity: Space, Performance, Politics*. London: Sage.

Lefebvre, H. 1991. *The Production of Space*. Oxford: Blackwell.

Pile, K. & N. Thrift. eds. 1995. *Mapping the Subject*. London: Routledge.

Scollon, R. 2008. *Analyzing Public Discourse: Discourse Analysis in the Making of Public Policy*. London: Routledge.

Taylor, S. 2003. A place for the future? *Narrative Inquiry*, (1): 193-215.

Tester, K. 1993. *The Life and Times of Post-Modernity*. London: Routledge.

高航，2002，房地产广告的创意及语言特色，《修辞学习》，第 2 期，40-41 页。

何荷、陈新仁，2015，网店店主关系身份建构的语用研究，《现代外语》，第 3 期，347-356

页。
侯建波，2014，房地产广告的多模态人际意义研究，《中国外语》，第 4 期，48-53 页。
克朗，2005，《文化地理学》，杨淑华等译，南京：南京大学出版社。
李颖，2014，从批评话语分析视角看房地产广告的文化诉求，《沈阳农业大学学报》，第 4 期，500-502 页。
刘昕、李颖，2012，房地产广告语篇中图像与观看者之间的互动意义，《沈阳农业大学学报》，第 1 期，123-125 页。
闫桂娥、赵丽红，2008，炫耀式消费，《西北大学学报》，第 4 期，78-82 页。
徐协，2002，房地产广告语言的艺术化情感化趋向，《修辞学习》，第 5 期，14-15 页。
姚晓东、秦亚勋，2016，边缘话语分析视角下“井底人”的空间身份管控，《现代外语》，第 2 期，169-177 页。
张伟、周群，2010，消费主义视阈下大众文化的范式建构及其表征，《中州学刊》，第 5 期，224-228 页。

## Commodified Identity Manipulation and Delimitation in Real Estate Advertising Discourse

Yao Xiaodong, Beijing Forestry University

**Abstract:** As an integral dimension of identity construction, consumption activity constructs consumers' commodified identity and manipulates their interpersonal relationship. This research, based on the real estate advertising discourse, analyzed the awareness of the audience design in the real estate advertising discourse, and revealed the underlying ideology and identity specification. It was found that real estate advertising discourse, while arousing spatial identity awareness in the minds of the audience, and shaping their commodified and cultural identity, serves as a boundary-delimitation tool and a means of relational connectedness and separateness, and manifests its intervention in the social reality.

**Key words:** real estate advertising discourse, audience design, commodified identity, connectedness & separateness

**作者简介：**

姚晓东，男，博士，副教授。研究方向：话语分析、语用学。

论 文

《话语研究论丛》第六辑
2018 年

# 城市身份的话语建构

## ——基于兰州国际马拉松赛话语的批评性分析*

◎ 张爱萍　　兰州理工大学外语学院

**摘　要**　从批评性话语分析视角出发，运用话语历史分析法，通过系统分析兰州国际马拉松赛话语，揭示了其所建构的兰州城市身份，探究了城市身份的话语建构问题。分析表明，该话语主要通过谓语指示策略、视角化策略和命名策略等话语策略建构城市身份，各策略运用语言手段不同；该话语折射了该市城市身份建构的主要政策导向，但其城市身份建构的文化内涵薄弱，可能是由专家学者话语参与者的缺失造成，企业话语参与者和经济发展话语主题的缺失也使该话语缺少从经济发展主题对城市身份的建构；城市身份的话语建构对城市发展至关重要。

**关键词**　话语建构；城市身份；兰州国际马拉松赛话语；批评性话语分析

## 1. 引言

话语具有社会建构功能。作为社会实践和行动的方式，话语通过构筑各种社会秩序塑造社会，同时又被社会塑造（Fairclough，1995）。话语是社会存在的一种重要形式，话语能力已经成为机构乃至国家治理能力的一个重要组成部分，话语的发展、变革也将成为社会发展的重要动力。

---

* 通讯作者：张爱萍
联系地址：甘肃省兰州市兰州理工大学外语学院
电子邮件：ezhap@163.com
基金项目：甘肃省社科基金项目“城市身份的话语建构：以‘兰州国际马拉松赛’话语为例”（项目编号：YB083）

城市身份是通过社会建构的人与环境、环境和其构成要素、环境构成要素之间的关系，即城市身份是城市环境及其内容之间的多重和相互关系；城市身份存在于它的环境之中，存在于城市和其所在环境的关系之中（Cheshmehzangi，2015）。城市身份反映一座城市的自然地理背景、历史文化底蕴、经济社会发展水平等城市本质特征。城市身份又被定义为地方身份（place identity）、地方性（placeness）、地方特色（character of place）、地方形象（image of a place）、地方感知（sense of a place）和地方精神（spirituality of place）（Cheshmehzangi，2015），上述各个概念都强调各城市身份的独特性。城市身份不仅以其可识别性、稳定性和正面意义提升城市形象，还能维系建构城市身份的各种关系，是一座城市在发展中不容忽略的重要内容，也是目前许多城市发展战略中不可或缺的重要部分。

Fairclough（1995）和 van Dijk（2001）等认为，话语能建构社会身份、社会关系和社会知识等。城市身份是一个多方面、多角度、多模式的话语建构过程，作为社会实践的话语在城市身份的建构中发挥着不可替代的作用。本文基于兰州国际马拉松赛（以下简称"兰马"）话语，运用话语历史分析法，探究话语和城市身份建构的关系。

## 2. 城市身份的话语建构：批评性话语分析研究

城市身份话语建构，是对一个城市进行身份建构的过程，是通过信息传播有效接触目标受众群，在他们心目中确立一个明确的城市形象的过程。"我们可以通过对相关的语言交际活动的系统分析和价值判断，揭示城市发展的重要特点和问题，并为今后如何从话语使用的角度为城市发展在方向和策略方面提供重要的启示和指导。"（施旭，2008：33）

城市身份是人类学研究的重要问题，Karpovets（2014）从人类学视角解读了城市身份研究的理论背景，从物质性、城市记忆和历史、社区几方面分析了城市身份的内涵，指出城市身份是城市意义和城市实践动态互动的结果。Cheshmehzangi（2015）探讨了全球化背景下社会环境中的城市身份内涵和层次，并以实例分析解读了世界多个城市的城市身份。还有一些国外研究者从城市规划和发展视角探讨了具体城市的身份建构（Naeff，2014；Pazhuhan et. al，2015）。国内学者对城市身份的研究比较少见，更多研究集中在城市形象上。研究者们从城市规划学、城市管理学、市场营销学、新闻传播学、文化产业学、景观美学等学科视角，研究了城市形象规划、内涵塑造与传播（孟建、董军，2011），重大事件与城市形象关系（何步文，2013），城市形象构成元素分析（李林、黎丹丹，2016）等。从目前国内外研究动态来看，城市身份研究受到多个学科的关注，但明确对城市身份话语建构方式和效果开展研究的情况依然鲜见。

批评性话语分析解析权力和意识形态对话语的建构，以及话语对社会身份、社会关系、知识体系、信仰等的建构作用（Fairclough，1992；Fairclough & Wodak，1997）。批评性话语分析中的话语历史分析法强调必须结合语境对语篇中的现象做出解释，注重语境知识的充分性和历史性；主张从话语主题、话语策略及语言手段三方面对话语展开分析（Reisigl & Wodak，2014）。话语主题是话语主体言说所重点讨论的问题。"策略"一般是指为了达到特殊的社会、政治、心理或其他目的而对实践采取的一个明确的意图性计划（van Leeuwen & Wodak，1999；Wodake et al.，2009）。话语策略可能是无意识的或在话语过程中自然产生的，也可能是有意识、有计划的。策略意图方面的特征和重要性因考察资料的不同而不同；话语策略是语言系统的运用方式，体现在语言结构组织的不同层面上。语言手段分析通常在语篇、句子和词汇各层面上展开。

Wodak 等人（2009）用话语历史分析法成功分析了民族身份的话语建构，Krzyzzanowski（2005）以该分析模式为框架，分析了一次作为交际和话语过程的欧盟会议对欧洲人欧洲身份形成和发展的影响。范馨予（2012）运用该方法对比分析了中美新闻媒体对中华人民共和国成立 60 周年国庆大典的报道，揭示了他们对中国身份的不同建构及其原因；陈建平（2016）基于该分析法分析了中、英、美大学在建构世界一流大学身份时所用话语策略方面的特点及异同。以往研究表明，话语历史分析模式不仅可以用来分析民族身份的建构，还可以用来分析其他身份的建构（Wodak et al.，2009；Wodak & Boukala，2015）。批评性话语分析将宏观层面的语境分析和微观层面的话语题材分析与宏观结构分析、身份建构话语策略分析及语言手段分析等话语分析很好地结合在了一起（Reisigl & Wodak，2014）。本文将基于话语历史分析法，对兰马话语做批评性分析，考察该话语中隐藏的意识形态，揭示话语生产者如何运用话语主题、话语策略和语言手段，赋予城市某种身份，促进或阻碍城市的发展，以探讨城市身份的话语建构问题。

## 3. 研究设计

### 3.1 研究问题

本文主要探讨如下三个问题：1）兰马话语包含哪些话语主题？建构了怎样的城市身份？是通过何种话语策略和语言手段建构城市身份的？2)兰马话语折射怎样的城市身份建构政策导向？有何不足之处？3)兰马话语所建构的城市身份与现实中的城市身份建构是怎样互动的?

### 3.2 研究语料

话语历史分析法认为话语是依赖语境的、与特定主题相关的符号活动，与社会互构（Reisigl & Wodak，2014），因而兰马话语可以被看作是一个基于兰州城市地理、历史、文化和身份，围绕兰马这一主题展开的社会实践活动，表达了社会对该城市的看法和认识。兰马话语语料涉及媒体报道、政府文件、官方发言、语言标牌、网络论坛等，本文以媒体话语为研究语料。

语料来自《甘肃日报》和《兰州晨报》的网络版，源自两家报刊的官方网站，共计154篇关于兰马的报道，包括这两份报纸在2011年至2016年每年兰马比赛前五天、比赛当日和后一日所有涉及兰马的新闻报道语篇。选择这一周的报道是因为这几天是兰马媒体报道最为集中的时间；兰马从2011年开赛，所以选择这6年的相关报道。之所以选择这两家报纸是因为前者是甘肃省内唯一一份覆盖全省的综合性党报，在甘肃省诸多报刊中具有权威性、指导性，发行量大，覆盖面广，为社会各界所关注；后者是一张面向甘肃省全省的综合性都市生活报，是甘肃省发行量最大、覆盖面最广的都市报。这两份报纸能充分代表当地媒体，能够显示当地媒体为兰州建构了哪些城市身份，为读者对兰州城市身份的认识提供重要的认知框架。该语料中，兰马话语的行为领域（field of action）包括赛事规则、通知和赛事要闻，城市宣传，公众意见、看法和言论表达，政府行为，民间社团言行，涵盖了围绕兰马这一主题展开的主要社会实践活动。对这154篇涉及各行为领域的语篇逐一阅读、分析后，筛选出其中所有直接涉及城市身份的话语共128条（句或段），对这些话语逐一做具体分析。

之所以选择兰马话语作为个案研究的对象，是因为兰州是中国欠发达地区的重要省会城市，其城市身份建构值得探究，对她的认识也对认识其他相似的中国或第三世界国家的城市有借鉴意义；另外，既然兰州投入巨大的财力、物力和人力举办国际马拉松赛，那么我们也应该运用国际化的、批判的标准来审视该赛事及其话语的城市身份建构意义。

### 3.3 分析框架

基于话语历史分析法的分析模式（Reisigl & Wodak，2014），本文分析步骤如下：1）确定兰马话语的主要主题，分析其所建构的城市身份；2）分析这些话语中城市身份构建的话语策略；3）分析实现身份建构的语言形式及其特征。上述三个分析步骤并不是严格意义上的前后承接、各自独立进行，而是一个不断循环重复的过程。分析过程中，尤为关注媒体是如何建构“事实”，证实其所描述城市身份的真实性和可信性。

该分析为质性分析，分析过程包括 Fairclough（1989）提出的描述、说明和解释三个批评性话语分析环节，其中前两个环节探讨兰马话语为兰州建构了哪些身份、运用了哪些话语策略及语言手段，后一个分析它们为什么这样建构、建构的目的是什么，以分析话语对城市身份的建构意义。

## 4. 研究结果

### 4.1 兰马话语主题及其所建构的兰州城市身份

话语主题是话语所表达的宏观意义，是话语生产者有意表达的意义，也是话语接受者能记住的关于该话语的主要意义或信息（van Dijk，2001）。对所收兰马话语语料的分析显示，该话语主题包括兰州自然地理背景、历史文化传统、城市发展现状和未来发展定位，各大主题又包括多个小主题。各主题分布情况如表 1 所示。

表 1 兰马话语主题及其出现频次

<table>
<tr><td rowspan="2">话语主题</td><td rowspan="2">自然地理背景</td><td colspan="3">历史文化传统</td><td colspan="5">城市发展现状</td><td colspan="2">未来发展定位</td></tr>
<tr><td>文化景观</td><td>历史文化</td><td>饮食</td><td>发展变化</td><td>美丽</td><td>魅力</td><td>活力</td><td>现代</td><td>开放</td><td>国际化</td></tr>
<tr><td rowspan="2">频次</td><td rowspan="2">66</td><td>16</td><td>16</td><td>2</td><td>38</td><td>53</td><td>19</td><td>11</td><td>4</td><td>19</td><td>10</td></tr>
<tr><td colspan="3">34</td><td colspan="5">125</td><td colspan="2">29</td></tr>
</table>

兰马话语中的“自然地理背景”主题主要集中在黄河穿城而过这一点，同时还涉及兰州的地理位置、海拔、山水和气温等方面。这一主题凸显了兰州位于黄河之滨、高海拔、两山相夹，夏季气候温和的特征。如表 1 所示，该话语主题出现次数较多，充分塑造了兰州地处西部高原、山水秀美的黄河之都的城市身份。“历史文化传统”主题下的“文化景观”主题话语中反复提及黄河母亲雕塑、水车博览园、百年中山桥等兰马赛道经过的代表兰州历史文化的著名沿河景点，突出兰州市的历史文化身份。同时，“历史文化”主题话语部分也多次提及丝绸之路重镇、高原古城、黄河文化。这些话语建构了兰州作为丝路名城、高原古都和黄河之都的身份。“城市发展现状”主题下的“发展变化”主题话语主要从两方面凸显兰州的发展变化，一是兰马使兰州市民及外地人认识到的兰州面貌及其变化，二是赛事从 2011 年开办以来，城市的发展变化及赛事参与者从多次参与体会到的城市的变化。通过城市环境、绿化水平、生活方便度、社会氛围等有关兰州面貌及其变化的报道，塑造出了其正在不断变得美丽、现代、文明和国际化以及不断追求发展变化的城市身份。同时，“发展变化”主题话语也多次提及兰州是“一个相对欠发达的”和“正处在跨越发展期”的城市，承认不足，更突出其渴望发展变化的愿望。从表 1 可

知，兰马话语还着力展现了一个美丽、富于魅力和活力的城市身份。“未来发展定位”主题的次主题主要包括“开放”和“国际化”，表达了兰州对其未来城市身份的定位和期待。但从表1还可知，该话语中经济话语主题缺失。

## 4.2 兰马话语所用话语策略及语言手段

在话语历史分析中，研究者一般会对以下5种基本话语策略进行考察分析：命名策略、谓语指示策略、辩论策略、视角化策略和强化/弱化策略（Reisigl & Wodak，2014）。本文根据语料特点，主要分析命名策略、谓语指示策略和视角化策略。命名策略指对话语主体、话语对象、话语现象、话语事件、话语过程和话语行为的命名/指称；谓语指示策略指通过使用肯定或否定意义的修饰语给他们直接或间接地赋予正面或负面含义；视角化策略指通过报道、描述、叙述等具体手段表达话语生产者的立场和观点。本文分析的128个话语片段中，各话语策略分布如表2所示。

**表2　兰马话语策略分布**

| 话语策略 | 谓语指示策略 | 视角化策略 | 命名策略 | 其他策略 | 总计 |
|---|---|---|---|---|---|
| 频次 | 97 | 59 | 30 | 19 | 205 |
| 百分比 | 47.3% | 28.8% | 14.6% | 9.3% | 100.0% |

### 4.2.1 谓语指示策略及其语言手段

兰马话语各主题都充分利用谓语指示策略建构城市身份。该策略通过修饰语对兰州直接或间接的描述，建构其城市身份。兰马在兰州举行，兰马话语各种描述反复围绕黄河或黄河文化展开，建构并凸显了兰州作为黄河之都的城市身份。“让兰州走向世界，让世界了解兰州”是2011年首届兰马的一个主打宣传语，是2012年兰州国际马拉松赛暨全国马拉松积分赛高峰论坛专家、学者的主要演讲内容之一，是该论坛兰州市市长主题发言题目，也是兰马开赛至今的重要宣传语。该句运用谓语指示策略，通过动词词组“走向世界”和“了解兰州”，表达了其想要变得更加开放和国际化的追切愿望和努力，塑造了其不断追求发展变化的城市身份。该句语言精练，有说服力和启发性，被多次引用在媒体报道中，表达城市未来发展定位，塑造城市身份。兰州举办兰马，是为了把兰州好的形象和身份呈现给世界，同时促进兰州的开放性和国际化，真正实现“让兰州走向世界，让世界了解兰州”。

该策略还充分利用形容词和名词建构城市身份。兰马的“美丽”话语主题通过“逶迤”“葱郁”“奔腾”和“婆娑”等形容词，生动描述兰州特征，从正面建构了美丽兰州的城市身份。“历史文化”话语主题部分通过一系列名词如“黄河文明”“丝路文化”“驿站口”等，突出了兰州的历史文化身份。

除动词词组、引用、形容词和名词的使用外，实现谓语指示策略的语言手段还包括比较、排比、拟人、明喻、暗喻等。“最美丽”“更美丽”“更加光彩”“全国唯一绕黄河而跑”等比较性修饰语反复出现在对兰马及兰州的描述中，从正面建构了兰州黄河明珠的城市身份。

[1] 点点羊皮筏子洒落在逶迤的黄河之上，平静的水面就像一条玉带在城市蜿蜒；镜头下的山川是柔情的，黄河母亲温柔的眸子凝视着怀中的孩子；赛道两边沿途观众的呐喊声、加油声，展露着金城人的真情与热忱；黄河两岸座座漂亮的高楼，整洁宽阔的街道，绿树环绕的城区，展示着兰州的现代与时尚……（《甘肃日报》，2014 年 5 月 28 日）

以上例句用分句排比描述兰州，从“羊皮筏子”“黄河母亲”“金城人”到“高楼”“街道”和“城区”，层次清楚，节奏和谐，描写细腻，从不同层面介绍了兰州的城市现状，建构了现代、美丽而有魅力的黄河之都城市身份；最后一分句又用成分排比，从“高楼”“街道”和“城区”三方面突出兰州现代都市的身份。此句还运用比喻，把“水面”比作“玉带”、“山川”比作“孩子”。此句也包含一拟人句，将黄河和山川拟人化，使描述更加活泼、亲切。因此，本句运用谓语指示策略，通过排比、比喻和拟人的语言手段，形象、生动地勾画出了兰州的城市身份，有极强的说服力和表达效果。

4.2.2 视角化策略及其语言手段

在本文分析的所有 128 句/段中，视角化策略共出现 59 次，其中 38 次通过直接或间接转述他人话语表达话语生产者的立场和观点。视角化策略主要集中在“美丽”“发展变化”“自然地理背景”和“文化景观”等话语主题。实现视角化策略的主要语言手段包括转述、感叹句、反问句、副词、动词和形容词。

[2]“没想到兰州这么漂亮、这么多绿色、这么有文化底蕴，特别是全城市民倾巢而出为各国运动员加油，让人感受到这个城市的热情和活力！”兰州国际马拉松比赛直播吸引了北京市昌平区的孟先生，他表示一定要去兰州旅游观光。（《兰州晨报》，2011 年 7 月 4 日）

本“美丽”话语主题例句中，转述对象口中的“漂亮”“热情”“活力”等直接赋予兰州美丽而有魅力的特点；副词“这么”加强了形容词的表达效果；感叹句的使用表达出了转述对象对美丽而又富于魅力的兰州城市身份浓厚的惊讶和快乐的感情。转述的使用间接地表达出媒体对兰州城市身份的认识和立场，并借转述对象之口使其更具真实性和感染力（辛斌，2006）。

［3］朱军告诉记者，这是一场令他难忘的直播，“我有一种‘恍若隔世’的感觉，这座城市真的是我曾经生活了 30 年的那座城市吗？这些年变化太大，都让我有些认不出她了！”朱军说，虽然是在看直播画面，但也让他全面地重新认识了家乡的山山水水，尤其是近些年兰州城市建设的巨大变化，令他作为一个兰州人颇感自豪。(《兰州晨报》，2013 年 6 月 16 日）

本“发展变化”话语主题例句借家乡为兰州的央视名人朱军之口，通过对他话语的直接转述和间接转述，以及反问句、感叹句和副词等语言手段，塑造出了兰州正在不断变得美丽、现代、文明，不断追求发展变化的城市身份。

视角化策略中，话语生产者大量地运用转述的语言手段。在建构城市身份时并不是直接提出自己的看法，而是借他人之口来说出，更具客观性和说服力。转述对象为名人、兰州市民、外地市民、国内外参赛者、国内外游客、组委会负责人和网友，以前三类人为主。转述对象是兰马话语实践的主要参与者，但从本文分析可见，转述对象无历史文化专家学者和企业代表。

4.2.3 命名策略及其语言手段

命名策略主要集中在“自然地理背景”“历史文化”和“美丽”三个话语主题，集中建构出地处西部高原的黄河之都、丝路名城、历史文化之城和如兰之州的城市身份。

“黄河之都”“金城”和“金城兰州”多次被直接用来指代兰州。黄河是中华民族的母亲河，是兰州悠久历史、厚重文化的见证，是兰州城市精神、城市形象的象征。作为黄河唯一穿城而过的省会城市，兰州黄河之都的城市身份通过命名策略得以强化。兰州又名“金城”，源于两千多年前。公元前 121 年，为抵御匈奴的侵扰，霍去病率万骑出征，大破匈奴后班师回朝途中，令部下在今兰州西固区一带建筑金城，意寓“城之坚固，如金筑成”；公元前 86 年，汉昭帝在今兰州设置金城县，后又置金城郡；公元 581 年，改为兰州总管府，此后兰州之名逐渐取代“金城”，但“金城”仍被用来指兰州（邵彦涛，2014）。兰州又被称为“丝路名城”“丝绸之路重镇”，兰州是丝绸之路和唐蕃古道上的重要城市，历史悠久，独具特色。

实现命名策略运用的主要语言手段是典故词语和借代。适当运用典故词语可以增大语言表现力，在有限的词语中展现更为丰富的内涵。“金城”和“丝路名城”等有来历的文化词语的运用，既能体现兰州的特定历史背景信息，突出其历史文化之城的城市身份，也使历史话语和当下话语结合，使该话语对兰州的描述更丰富。

“高原古城”“河谷城市”“山水之城”等兰州市的自然地理特征都被用来指代该城市，这些名称特点鲜明，具体生动，突出了兰州的本质特征，建构了兰州如兰之州的城市身份。兰州市区依山傍水，山静水动，形成了独特而美丽的城市景观，“山水之城”概括出了兰州作为黄河唯一穿城而过的省会城市的独特魅力。

## 5. 讨论

城市身份建构和传播不仅包含对城市身份的正面宣传、推介和传播，还包含大众传媒如何去理解这个城市，进而塑造该城市身份。本研究分析表明，兰马话语主要通过四大话语主题、三种话语策略将兰州建构成了山水秀美的黄河之都、丝路名城、高原古都，还着力展现了一个美丽、富于魅力和活力的城市身份，塑造出了一个正在不断变得开放和国际化的城市身份。各策略通过不同语言手段建构城市身份。2009 年出台的兰州市四版城市总体规划将兰州城市定位初步表达为“区域中心、宜居城市、黄河明珠、如兰之州”，其中“宜居城市”包括“资源承载度、社会文明度、经济富裕度、环境优美度、生活方便度、公共安全度”6 大宜居城市指标，“如兰之州”则指兰州既具高山长河的雄浑大气，又具深谷幽兰的宁静典雅（刘健、张莹，2009）。“黄河明珠”是城市文化定位，“区域中心”是城市性质定位，旨在“建设区域性现代化中心城市、增强省会中心城市的辐射带动能力，在新型工业化、现代服务业和城乡一体化方面走在全省前列，实现率先发展”（艾琳，2009）。通过各话语主题、话语策略和语言手段，兰马话语重塑并建构了兰州“宜居城市、黄河明珠、如兰之州”和“丝路名城”的城市身份，以及“开放”和“国际化”的未来发展定位。“区域中心”主要是对兰州城市经济身份的定位，但兰马话语包含的主题不涉及“区域中心”的相关内容，该身份的话语建构缺失。兰马话语中企业话语参与者和经济发展话语主题的缺失，使该话语缺少从经济发展视角对城市身份的建构，使读者无法深刻理解企业对城市身份建构所做和能做的贡献，也不能很好地唤起对城市经济身份的思考和建构。

“黄河之都/黄河明珠”和“丝路名城”是兰马话语中兰州城市文化身份的主要定位，前者通过兰马话语各话语主题和话语策略有较为充分的塑造，但对兰马话语主题和话语策略的分析表明，该话语的“历史文化”主题主要通过命名策略泛泛提及古代丝绸之路相关历史文化，未能通过其他话语主题和策略，充分借助丝绸之路的历史渊源，挖掘兰州优秀历史文化，渗透丝路博大内涵，形成文化共识，夯实城市“丝路名城”的文化身份，使该话语中城市身份建构的文化内涵薄弱。这可能也与该话语中专家学者话语参与者的缺失有关。

媒体话语中的城市身份建构围绕两点展开："我是谁"和"我想变成谁"（Humphreys & Brown，2002；Triandafyllidou & Wodak，2003），即该城市具有怎样的城市身份、该城市还希望建构怎样的城市身份。兰马是作为西部城市的兰州在向现代化和国际化城市的转型过程中迈出的一大步。兰马话语不仅从正面重塑、再建兰州城市身份，还承认兰州是一个相对欠发达的城市，需要不断追求发展变化，变得更加开放和国际化。兰马话语回答了"我是谁"和"我想变成谁"这两个问题，基本体现出了兰州城市发展的策略性定位："区域中心、宜居城市、黄河明珠、如兰之州"，但对城市文化身份的建构不够深刻，对经济身份的建构较为薄弱。兰马话语实践活动是对城市身份进行的一次话语重构和建构活动，其实质是反映、维持、再生产和建构社会现实，并对未来的社会（话语）实践活动产生影响（Fairclough，1989）。

媒体话语所建构的城市身份是如何与现实中的城市身份建构互动的呢？话语实践过程实际上是一个认知过程，也就是说，话语只有通过影响话语参与者的社会思维（认知）才能影响社会结构（现实）；社会结构只有通过社会认知才能影响话语结构（Fairclough，2008；van Dijk，2008）。具体来说，兰州通过兰马建构正面、积极的城市身份，兰马话语重塑或建构了这样的城市身份。这些信息通过兰马及其话语实践为那些对兰州了解不多的人所了解，他们逐渐把这些信息当作一种"社会事实"来理解，进而推动或支持兰州市政府采取积极措施加强这些城市身份。对于那些了解并能影响城市身份变化的相关各方，他们可以从该话语中领会兰州市政府拟强化或建构的城市身份，作为回应，他们也会采取相应的举措。一旦这种积极的城市身份在市民、企业和政府中变成一般化的看法，它实际上就变成了各方共享的理念，必将促使他们进一步采取积极的集体行动。这样，在现实中，该话语所建构城市身份就会得到加强或重塑，而话语和社会现实也实现了互构。因此，城市身份的话语建构对城市发展至关重要。

## 6. 结语

话语具有城市身份建构功能，城市身份建构也是一种话语实践活动。本文从批评性话语分析视角出发，运用话语历史分析方法，通过系统分析兰马话语主题、语言手段和话语策略，揭示了兰马话语所打造的兰州城市身份，探究了话语和城市身份建构的机制和关系。城市发展研究往往忽视话语对城市发展的作用（施旭，2008）。对兰马话语个案进行系统、细致的分析和评价，并凸现兰州城市身份建构话语中的优点及其不足，不仅能丰富话语理论，而且可以对兰州城市话语提供一个全面、深入的认识，这种认识无疑会对今后兰州及类似城市话语实践乃至发展本身有一定的指导意义。

**参考文献：**

Cheshmehzangi, A. 2015. Urban identity as a global phenomenon: Hybridity and contextualization of urban identities in the social environment. *Journal of Human Behavior in the Social Environment*, 25 (5): 391-406.

Fairclough, N. 1989. *Language and Power*. London: Longman.

Fairclough, N. 1992. *Discourse and Social Changes*. Cambridge: Polity Press.

Fairclough, N. 1995. *Critical Discourse Analysis: The Critical Study of Language*. London: Longman.

Fairclough, N. 2008. The language of critical discourse analysis: Reply to Michael Billig. *Discourse and Society*, (6): 811-819.

Fairclough, N. & R. Wodak. 1997. Critical discourse analysis. In van Dijk T. A. (ed.). *Discourse as Social Interaction*. London: Sage.

Humphreys, M. & A. D. Brown. 2002. Narratives of organizational identity and identification: A case study of hegemony and resistance. *Organization Studies*, 23 (3): 421-427.

Karpovets, M. 2014. The theoretical background of understanding urban identity in the anthropological perspective. *Kyiv-Mohyla Humanities Journal*, (1): 77-93.

Krzyzzanowski, M. 2005. "European identity wanted!"—On discursive and communicative dimensions of the European convention. In Wodak R. and Chilton P. (eds.). *A New Agenda in (Critical) Discourse Analysis*. Amsterdam: John Benjamins Publishing House.

Pazhuhan, M. et al. 2015. Urban identity and Iranian new towns. *Journal of Urban and Regional Analysis*, (1): 83-100.

Reisigl, M. & R. Wodak. 2014. The discourse-historical approach. In Wodak R. and Meyer M. (eds.). *Methods of Critical Discourse Analysis* (2nd ed). Beijing: Peking University Press.

Triandafyllidou, A. & R. Wodak. 2003. Conceptual and methodological questions in the study of collective identities: An introduction. *Journal of Language and Politics*, 2(2): 205-223.

van Dijk, T. A. 2001. Multidisciplinary CDA: A plea for diversity. In Wodak R. and Meyer M. (eds.). *Methods of Critical Discourse Analysis*. London: Sage.

van Dijk, T. A. 2008. *Discourse and Context: A Sociocognitive Approach*. Cambridge: Cambridge University Press.

van Leeuwen, T. & R. Wodak. 1999. Legitimizing immigration control: A discourse-historical analysis. *Discourse Studies*, 1 (1) : 83-118.

Wodak, R. et al. 2009. *The Discursive Construction of National Identity*. Edinburgh: Edinburgh University Press.

Wodak, R. & S. Boukala. 2015. European identity and the revival of nationalism in the European Union: A discourse historical approach. *Journal of Language and Politics*, 14 (1): 87-109.

艾琳，2009，落实“1355”总体发展思路 全力推进兰州新一轮城乡规划修编——访兰州市规划局局长 中国城市规划协会常务理事 高级工程师 万里，《兰州日报》，8 月 26 日。

陈建平，2016，中外大学机构身份话语建构比较研究，《中国外语》，第 4 期，29-39 页。

范馨予，2012，国家认同建构与呈现的差异性分析——以中美新闻媒体对中国 60 周年国庆大典报道为例，《浙江外国语学院学报》，第 1 期，16-22 页。

何步文，2013，重大事件和城市形象塑造研究——以兰州国际马拉松为例，《甘肃社会科学》，第 4 期，221-225 页。

李林、黎丹丹，2016，国际化背景下城市形象表达的层级化研究，《湖北民族学院研究》，第 5 期，145-149 页。

刘健、张莹，2009，“宜居城市 如兰之州”轮廓初显，《兰州晨报》，8 月 1 日。

孟建、董军，2011，软实力视域中的城市形象塑造与传播，《现代传媒》，第 8 期，126-128 页。

邵彦涛，2014，疆域观与族类观的转变：兰州城市身份演变与“屯国”观念变迁，《青海民族研究》，第 1 期，174-178 页。

施旭，2008，从话语研究的视角看城市发展，《文化艺术研究》，第 1 期，320-343 页。

辛斌，2006，《中国日报》和《纽约时报》中转述方式和消息来源的比较分析，《外语与外语教学》，第 3 期，1-4 页。

## The Discursive Construction of Urban Identity—A CDA of Lanzhou International Marathon Discourse

Zhang Aiping, Lanzhou University of Technology

**Abstract:** From the perspective of critical discourse analysis, this paper applied its discourse-historical approach to the analysis of the Lanzhou International Marathon discourse to reveal the urban identities it had built and to explore the effect of discourse on urban identity construction. It was found that predication, nomination and perspectivization were the major discursive strategies it had employed and each strategy used its distinctive linguistic means; the cultural urban identity construction was not solid, which may be attributed to the absence of expert and scholar social actors in it; the economic urban identity construction was poor, which may be attributable to the absence of entrepreneur social actors and the economic discourse topic. This discourse well reflected the local government's orientation towards its city identity. And the discursive construction of urban identity is key to the development of a city.

**Key words:** discursive construction, urban identity, Lanzhou International Marathon discourse, CDA (critical discourse analysis)

**作者简介：**

张爱萍，女，副教授。研究方向：话语分析、二语习得。

论　文



# 国家安全话语的多模态分析

## ——以警察形象宣传片为例*

◎ 潘艳艳　江苏警官学院基础课教研部
◎ 马如坡　江苏警官学院计算机信息与网络安全系

**摘　要**　近年来警察形象危机频发，影响了警察机关的执法能力和公信度。为提升警察形象，更有效地打击犯罪，维护社会治安，需要对有关警察形象的话语进行研究。本文运用社会符号学的视觉语法理论，以警察形象宣传片《因为有你》为例，对其图像互动意义进行分析，在此基础上结合转喻的相关研究，分析其中隐含的意识形态以及问题所在。本文的研究意义，一是尝试说明视频分析必须结合相关的电影理论，要针对不同的语类及其特征采取不同的视角或分析框架；二是尝试探讨如何有效建构正面、积极的警察形象，并为今后该类话语的研究提供一定的借鉴。

**关键词**　警察形象；图像互动意义；转喻；意识形态

## 1. 引言

话语指特定历史和文化关系中人们运用语言及其他手段和渠道所进行的具有某种目的和效果的社会交往活动（施旭，2017）。“一言可以兴邦”“一言可以丧邦”说明话语在国家安全方面的重要作用。周恩来总理曾说过：“国家安危，公安系于一半。”然而近

* 通讯作者：潘艳艳
联系地址：江苏省南京市（210031）浦口区石佛寺三宫 48 号，江苏警官学院基础课教研部
电子邮件：calmdown2013@126.com

年来，由于警察形象危机频发，使得警察机关的执法能力和公信度备受考验。“当警察执法形象弱化到一定程度时，就难以保证社会秩序结构的稳定，这时就会出现治安失控、社会动荡。”（周寅：2009：125）

由此可见，作为国家安全话语的重要组成部分，有关警察形象的话语亟须研究。但就目前的研究现状来看，大部分研究是从传播学的角度讨论如何更有效地改善警察形象，如李恒、周密（2017）探讨了警察应当充分借助自媒体平台打破“刻板印象”，通过强化警务自媒体建设、有效利用非官方自媒体效应、主动开展舆情引导等工作，塑造出正面、立体、丰富的警察形象，进而掌握舆论引导的主动权。宋琳琳、段相君（2015）进行了涉警网络舆情传播与警察形象保卫策略研究，指出公安机关在新媒体环境下，应科学认识、正确对待涉警网络舆情，转变观念，完善机制，快速反应，顺势而为，牢牢掌握工作主动权。王子元（2013）从传播学的角度探讨从警察队伍自身建设和对外传播两方面寻求有效对策，从而实现良好警察形象的塑造。

以上研究让我们看到了警察形象出现危机的原因和改进的方向，但是如何利用传统媒体、新媒体和自媒体进行主动传播？在警务工作中使用什么样的话语策略才能建构正面、积极的警察形象？也就是说，怎样具体运用语言、图片、视频、微电影等媒介和符号资源实现警民有效交流，从而建构积极的警察形象，目前还没有具体的方法和手段，亟须进一步的深入研究。针对这一现状，本文拟从多模态话语分析的视角，结合具体的话语实例——2017 年 5 月 17 日公安部宣传局推出的中国警察宣传片《因为有你》（片长 1 分 37 秒），探索在话语实践中如何树立警察形象，从而改善公安机关的执法能力和公信度。

## 2. 多模态话语分析

话语研究将一切社会生活的事件和活动都看作人际言语交往现象，而多模态话语研究则是对话语研究的进一步发展，它将语言、图像、色彩、手势、声音等多个符号模态层面纳入研究范围，目的主要有三个：（1）将隐性的话语事实、规律、关系等揭示出来；（2）赋予不清晰或存有争议的话语对象一定的意义；（3）为社会实践活动提供相关的话语指导和建议。多模态话语分析的蓬勃发展以 Kress 和 van Leeuven（1996）出版的《阅读图像——视觉设计语法》（*Reading Images: the Grammar of Visual Design*）为标志。经过二十多年的发展，目前多模态话语分析的研究路径主要有 9 个：系统功能语言学多模态话语分析、社会符号学、多模态认知分析、多模态互动分析、会话分析、地理符号学、多模态民族志、多模态语料库分析以及多模态感知分析（潘艳艳、李战子，2017）。多模态话语分析的研究对象也从先前的漫画、广告、电影海报、网页等静态的多模态语篇延伸至诸如影视作品、电视访谈、舞台演讲、课堂教学等动态的多模态话语篇。本文主要借鉴社会符号学和多模态认知分析。

### 2.1 社会符号学

社会符号学（Social Semiotics）（Van Leeuwen，2005；Kress，2010）以《阅读图像——视觉设计语法》（Kress & van Leeuven，1996/2006）一书中提出的视觉语法为主要理论，借用 Halliday（2004）的语言三大功能假说（语言的概念功能、人际功能和语篇功能），提出与这三大元功能相对应的视觉图像分析的三个层面：图像的再现意义、互动意义和构图意义。图像的再现意义表征图像中人物、地点和事件之间的交际关系或概念关系。图像的互动意义体现图像的观看者与图像中的成分之间的特定关系，主要通过（目光）接触（contact）、距离（distance）和视角（perspective）三方面的共同作用，构建出观看者和再现内容之间复杂、微妙的关系，也可以表示观看者对所再现的景物应持的态度。例如，图像中的人通过矢量（目光）和面部表情，连接了画面中的人和观众。这样的构图有两个功能：一是形成和观众的直接交流；二是构成了“图像行为”，要求和观众建立某种社会关系，寻求观众接受、赞同他们的观点和想法。图像的构图意义包括三个方面：信息值（information value）、显著性（salience）和框架（framing）。图像的上下、左右、中心和边缘分别传递出不同的信息值：从左到右是“已知信息→新信息”；从上到下是“理想→现实”；从中心到边缘是“重要→次要”。显著性表明图像中的成分可通过被放置在前景或背景、相对尺寸、色调值的对比、鲜明度的不同等方式，体现出吸引观看者注意力的不同程度；框架指的是图像中有无空间分割线条，这些线条表示图像中各成分之间在空间上被分离或被连接的关系。

社会符号学强调符号意义的社会性，认为符号使用者的意图、兴趣决定他们对符号资源的选择，因此意义是选择的结果。社会符号学将语言符号之外的其他符号系统（例如语言文字、图像、数字、色彩和面部表情等）纳入研究范围，旨在发现各种符号模态的普遍规律，致力于描述每一种模态在多模态语篇中的功能、模态之间的关系以及模态意义形成中的社会和文化因素。在多模态语篇中，图像和文字是最主要的信息载体，也是主要研究对象。van Leeuwen（2005：230）将图文关系总结如下：

表 1 图文关系

<table>
<tr><th colspan="3">图文关系</th></tr>
<tr><td>详细阐述（Elaboration）</td><td>具体化（Specification）<br>解释（Explanation）</td><td>图像使文字更具体（illustration）。<br>文字使图像更具体（anchorage）。<br>文字解释图像或图像解释文字。</td></tr>
<tr><td>延伸（Extension）</td><td>相似（Similarity）<br>对比（Contrast）<br>补充（Complement）</td><td>文字内容与图像内容相似。<br>文字内容和图像内容形成对比。<br>图像内容进一步补充文字信息或文字内容进一步补充图像信息（relay）。</td></tr>
</table>

社会符号学关注不为人所注意的、日常使用的符号模态的社会效应和意识形态效果，指出社会符号学对多模态分析要体现出多模态话语的“批评”作用，即对多模态语篇在设计、产生和传播过程中权力和意识形态的作用进行揭示。例如，根据电影理论，Kress 和 van Leeuven（1996/2006）认为，如果图像里的人物是从很高的角度拍摄（俯拍），那么观众是从权力的视角（point of power）观看他们；如果是从低角度拍摄（仰拍），那么则是图像里的人物从权力的视角看观众；如果图像和观众的视线持平（at eye level），即平角角度，那么双方是平等的视角，没有权力的差异。

## 2.2 多模态认知分析

受到社会符号学的启发，认知语言学的学者们将社会符号学、隐喻理论、转喻理论以及关联理论相结合，认为隐喻不仅表现于语言，还表现在其他符号模态中，因此提出了多模态隐喻（Forceville，1996，2006；Forceville & Urios-Aparisi，2009），即源域和目标域分别或主要由两种不同符号模态呈现的隐喻现象，在很多情况下，其中一个符号模态为语言符号。同理，多模态转喻指源域和目标域分别或主要由两种不同符号模态呈现的转喻现象。转喻指处在邻近关系的两个概念中的一个概念为理解另一个概念提供心理可及性（Radden & Kövecses，1999：21）。转喻的理解在于对源域所指代的目标域——某个概念或复杂事件的推理上，这一推理建立在与源域相关的普遍信仰、民间习俗以及百科知识的基础之上。多模态隐喻分析一开始主要关注多模态语篇中隐喻和转喻的表征和解读以及两者之间的关系，后来也和社会符号学一样，开始关注隐喻和转喻所蕴含的意识形态特征和情感态度取向，重视“批评”，通过源域的推理来揭示隐喻和转喻使用者的社会身份、视角、立场和态度。

隐喻和转喻现象和语类密切相关，因为每一种语类都是语篇、认知、语境三者结合的产物，具有鲜明的风格、规约和交际目的。也就是说，并不是每一种语类的语篇中都有隐喻和转喻现象。隐喻是象征主义和诗歌语言（symbolic and poetic language）的主要特征，而转喻则是现实主义文章（realist prose）的主要特征（Jakobson，1971：96）。因此，诗歌、小说、故事片、政治漫画、广告等语类中有很多概念隐喻，而在政治语篇和新闻报道等现实性语类中，隐喻则比较少，而转喻相对比较多（潘艳艳、张辉，2013）。

除了多模态隐喻和转喻，近年来还有学者将认知语法等认知语言学理论运用到多模态话语分析中，如张辉、罗一丽（2017）运用认知语法的主要概念和理论框架对战略情报话语进行批评认知分析，Hart（2014）描述了作为语言模式的语法在揭示社会和政治语境下话语的意识形态特征所起的作用。以上这些分析方法统称为多模态认知分析。

## 2.3 国家安全话语的多模态分析框架

从研究视角来看，社会符号学分析和多模态隐喻分析其实是多模态话语分析的两个层面，前者从符号功能层面进行分析，注重话语分析的社会性；后者是从认知层面进行分析，注重隐喻、转喻这两个人类认知现象的研究和阐释。在进行具体分析时，可以将二者结合起来。

### 2.3.1 图像的互动意义

宣传片针对不同目标观众有重点、有针对、有秩序地进行策划、拍摄、录音、剪辑、配音、配乐、合成输出，制作成片，目的是为了说服目标观众，获得他们的认同，进而接受某种思想、产品或服务（潘艳艳，2017）。鉴于宣传片的这一语类特征，本文的分析着重图像互动意义的分析。根据 Kress 和 van Leeuwen（2006：148），图像的互动意义主要以拍摄角度和高度等方式来实现：

表 2　互动意义的实现方式

| 图像行为（image act） | 实现方式（realization） |
|---|---|
| 索取（Demand） | 凝视观众（Gaze at the viewer） |
| 提供（Offer） | 没有凝视（Absence of gaze at the viewer） |
| 亲密的/个人的关系（Intimate/personal） | 近景镜头（Close shot）（人物的胸部以上） |
| 社会关系（Social） | 中景镜头（Medium shot）（人物的腰部以上） |
| 非个人的（Impersonal） | 远景镜头（Long shot）（表示人物与环境的关系） |
| 参与（Involvement） | 正面视角（Frontal angle）（人物正对观众） |
| 超然（Detachment） | 斜视角（Oblique angle）（人物不正对观众） |
| 观者的权力（Viewer power） | 俯拍角度（High angle） |
| 平等的关系（Equality） | 平角角度（Eye-level angle） |
| 图像中人物的权力（Represented participant power） | 仰拍角度（Low angle） |

除了以上 Kress 和 van Leeuwen（2006）提到的镜头，影视作品还经常会用到特写镜头和各种构图方法来表达互动意义。特写镜头指用近距离拍摄的方法，把人或物的局部加以放大，脸部特写主要表现人物的内心活动，具有对观众的情感召唤性。一个道具或演员被置于画面内某一特殊位置，便会有不同的含义，形式本身就是内容。一般而言，中央部位通常留给最重要的视觉形象，传达主体的支配感和权威性；顶部表现权力、威望和雄心壮志，一般用来塑造英雄；边缘常用来表示受到挤压、排斥，渺小而无力量；下方具有从属、脆弱和无力的特性（张菁、关玲，2013：53）。

2.3.2 认知机制分析

宣传片与其他影视作品的最大区别是其现实性（realistic）特征，即所展现的内容必须真实存在，不能虚构，否则说服效果会大打折扣甚至适得其反。而转喻是现实主义文章（realist prose）的主要特征，因此本文对认知层面的探讨主要围绕转喻分析。本文主要参考 Peirsman 和 Geeraerts（2006：276-277）提出的 23 种转喻模式：空间部分与整体（SPATIAL PART & WHOLE）、时间部分与整体（TEMPORAL PART & WHOLE）、方位与所在（LOCATION & LOCATED）、先前与后果（ANTECEDENT & CONSEQUENT）、次事件与复杂事件（SUBEVENT & COMPLEX EVENT）、特征与实体（CHARACTERISTIC & ENTITY）、生产者与产品（PRODUCER & PRODUCT）、控制者与被控制者（CONTROLLER & CONTROLLED）、容器与被容纳物（CONTAINER & CONTAINED）、物质与客体（MATERIAL & ORJECT）、一件衣物与人（A PIECE OF CLOTHING & PERSON），等等。以上分类基于转喻的基本机制，即建立在邻近性基础上的部分—整体关系（part-whole）或原因—结果关系（cause-effect）。

综上，笔者将社会符号学和认知语言学的相关理论相结合，着重分析图像的互动意义、背后的认知机制以及意识形态特征，同时指出中国警察形象宣传片《因为有你》中存在的问题。

## 3. 实例分析

### 3.1 图文关系

本文使用截频软件，以秒为单位，将中国警察宣传片《因为有你》进行截频。去除因截频间隔短而重复的画面后，共截图 97 帧。该宣传片共有 8 个场景（scene）。前 4 个是警察因为工作原因不能陪伴家人的场景，后 4 个是警察执行任务的场景，为前面 4 个场景的缺席提供原因。整个叙事结构为“结果—原因”的顺序。下表是对 8 个场景的简介和与场景同步出现的字幕：

**表 3 《因为有你》场景和字幕简表**

| | 场景（图） | 字幕（文） |
|---|---|---|
| **场景 1** | 在孩子临睡前，没有父/母讲故事 | 他的睡前故事里　没有你 |
| **场景 2** | 见对方父母时，男友没有出现 | 她最在乎的日子　没有你 |
| **场景 3** | 在妻子生产时，没有丈夫陪护 | 宝宝的第一眼里　没有你 |
| **场景 4** | 一家人团聚时，没能出席 | 不该错过的团聚里　没有你 |
| **过渡** | | 因为 |
| **场景 5** | 暴雨如注的雨夜，指挥交通的女警察 | 在每一个不平静的夜里　有你 |
| **场景 6** | 在见女友父母的路上抓小偷 | 在每一个挺身而出的时刻　有你 |
| **场景 7** | 在火场救人 | 在每一个关乎生死的地方　有你 |
| **场景 8** | 将迷路的小女孩送回家 | 在每一个默默坚守的岗位　有你 |
| **结尾** | 点着红灯笼的街道 | 岁月静好，只因有人为你负重前行 |
| | | 感谢　有你 |

从表 3 可以看出，《因为有你》的图文关系主要是“详细阐述”和“具体化”关系，即图像使文字更具体，文字解释图像，对图像意义进行概括。该片有着清晰的叙事结构，前面的“没有你”和后面的“有你”形成对比，前面是结果，后面是原因，整个宣传片的叙事模式为“结果—原因”，意在展现警察无私奉献、英勇无畏、尽职尽责的职业精神和爱民情怀，增进人们对公安工作的理解和支持，提升警察的形象。

### 3.2 互动意义的分析

通过对视频中每一帧画面的仔细观察，在 Kress 和 van Leeuwen（2006：148）总结的基础上，加上特写镜头和画面位置的统计，现将各种表示互动意义的镜头运用情况统计如下：

**表 4 《因为有你》的互动意义统计**

| 图像行为 | 实现方式 | 使用情况统计（以“帧”为统计单位） | 所占比例 |
|---|---|---|---|
| 索取 | 凝视观众 | 0 | |
| 提供 | 没有凝视 | 59 | 61% |
| 亲密的/个人的关系 | 近景镜头 | 23 | 24% |
| 社会关系 | 中景镜头 | 17 | 18% |
| 非个人的 | 远景镜头 | 25 | 26% |
| 参与 | 正面视角 | 22 | 23% |
| 超然 | 斜视角 | 3 | 3% |

续表

| 图像行为 | 实现方式 | 使用情况统计（以“帧”为统计单位） | 所占比例 |
|---|---|---|---|
| 观者的权力 | 俯拍角度 | 7 | 7% |
| 平等的关系 | 平角角度 | 89 | 92% |
| 图像中人物的权力 | 仰拍角度 | 1 | 1% |
| 图像中人物的情感 | 特写镜头 | 8 | 8% |
| 支配和权威 | 画面中央位置 | 3 | 3% |
| 权力和威望 | 画面的顶部位置 | 0 | |
| 受挤压、排挤，渺小无力 | 画面的边缘位置 | 0 | |
| 从属、脆弱、无力 | 画面的下方 | 0 | |

表 4 的统计表明，该宣传片使用最多的拍摄角度是平角角度，共 89 帧，占 92%；其次是“提供”类的画面（61%），即画面中的人物和观众没有任何矢量联结，即没有目光交流，观众没有被画面中的人物邀请建立某种关系，画面仅仅提供了某种信息。平角是摄像机处于被拍摄对象水平的位置，是常用的拍摄角度，符合人正常情况下观察世界的角度，画面有平稳感，拍摄的人物也比较客观（张菁、关玲，2013：31）。然而，由于“提供”类画面的大量使用，画面中的人物和观众没有任何目光交流，没有要求和观众建立某种关系，索取观众的情感共鸣，因此，观众只是旁观者。例如：

图 1

图 2

图 1 和图 2 讲述了在妻子生产时，没有丈夫陪护的场景，画面的拍摄角度适合观众观察，但是画面中的人物和观众没有目光交流，没有形成图像行为“索取”，仅仅是一种信息的“提供”，观众只是被动地接受信息。因此，平角角度的过多使用和目光矢量的缺乏，导致该片缺乏情感上的震撼力和感染力，观众不能切身体会作为警察妻子或父母的感受。

第三个是远景镜头（26%）的运用，主要用于叙事，交代人物、地点、事件等信息。例如图 3 和图 4 表现了警察在去见女友父母的路上遇见小偷，而没能准时到达见面地点，女友焦急等待的场景：

图 3

图 4

从观众的视角来看，这样的远景镜头仅仅是叙事，其情绪的感染力比起特写镜头要弱得多。为了调动观众的共鸣，该片运用了近景镜头（24%）（如图 5）、正面视角（23%）（如图 6、7）和中景镜头（18%）（如图 6、7）。这三种镜头的互动意义在于和观众建立较为亲密的关系，向观众传递人物的内心情感和心理状态，有些中景镜头同时也是正面视角，两者共同用来叙事、塑造人物形象，同时邀请观众的参与。

图 5

图 6

图 7

如图 5 表现画面中人物给警察男友打电话没人接的焦虑，图 6 是在雨夜里指挥交通的警察的尽职尽责，图 7 是警察去见女友的路上挺身而出、勇抓小偷奋不顾身的形象。然而，由于缺乏画面中人物和观众的目光接触，感染力仍然不够，缺乏情感的召唤性。

特写镜头一般用来表现人物的神态特征，捕捉细微表情变化，强调某些异常、值得注意的细节（张菁、关玲，2013：19）。如图 8 中孩子期盼在雨夜中指挥交通的警察妈妈回来；图 9 中面对火情、义无反顾救火的警察的坚毅眼神；图 10 中知道孩子顺利诞生后幸福的眼神。

图 8

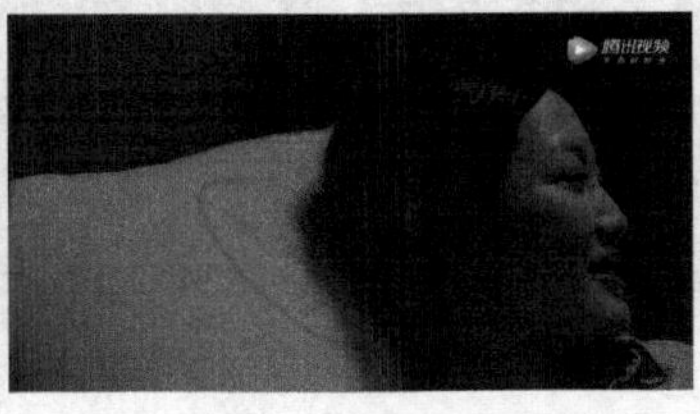

图 9

图 10

然而片中的特写镜头所占比例偏少，仅有 8%。也就是说，特写镜头在该片中没有得到充分的运用，因为“特写镜头具有对观众的情感召唤性，在画面造型上能产生视觉冲击性，能起到很好的传播效果”（张菁、关玲，2013：19）。

片中俯拍角度的画面只有 7%，主要用于体现环境的宽广和规模，强调环境、空间及人物在其中的位置，有一种宏观表达的意义，常被用作片头、片尾的镜头吸引观众，将观众带入或带出故事（张菁、关玲，2013：32-33）。例如，图 11 用俯拍的街景结束该片，画面里的红灯笼象征着祥和，而警察的背影就在这片祥和的景象中，该画面和字幕“感谢有你”表达了该片对警察这一职业的肯定。然而画面中警察的背景非常模糊，因此人物形象不够鲜明。

图 11

画面中央位置用来表现严肃、庄严的气氛，在中央部分的主体具有支配感和权威性。中央位置的画面一般是近景画面，片中只有 3%这样的画面，但是出现在画面中央位置的不是警察，而是两个孩子（图 12、13），图 12 是走失的孩子，由警察找到并送回了家，图 13 是妻子在生产，而警察在执行任务，不能陪伴，只能通过手机看孩子的照片。图 12 体现了警察工作的本质就是“为人民服务”，图 13 则体现了因为“为人民服务”而不能看见孩子出生的苦涩，体现警察的付出和贡献。图 12 和 13 体现了警察的行为受到“为人民服务”这一思想的支配，人民群众的利益才是权威。

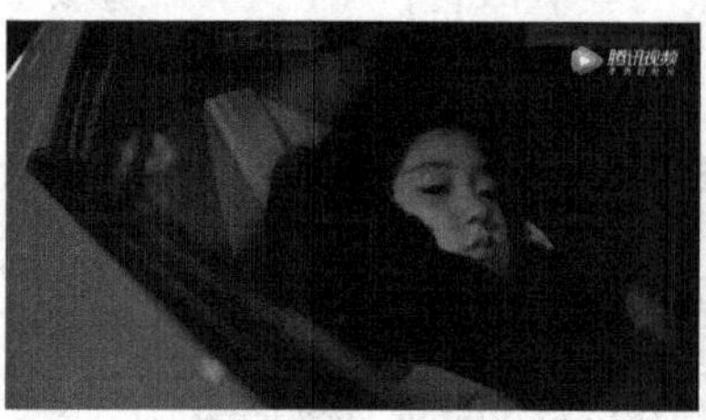

图 12

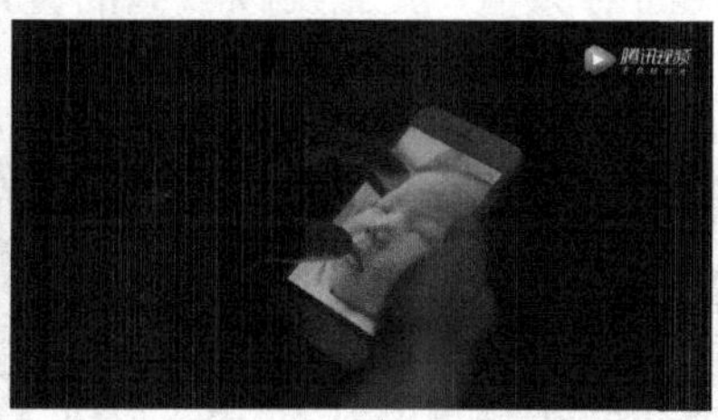

图 13

片中的斜视角只有 3%，与正面视角邀请观众的参与不同，斜视角表现的是一种“超脱”或“远离”。根据 Kress 和 van Leeuven（2006：138），正面视角表示“你所看到的是我们所参与的世界的一部分”，斜视角表示“你所看到的不是我们的世界，而是我们不参与的他者的世界”。因此，图 14 的斜角拍摄传达的意义便有了“这是别人家的团聚，家里缺一位和我们没有关系，我们只是在听故事”这样的画外之意。因此，斜视角在此处的使用不够恰当。

用得最少的拍摄角度是仰拍（1%），仰拍指摄像机镜头低于拍摄主体视平线的拍摄方式（张菁、关玲，2013：33）。该片中只有一帧仰拍的画面，画面的主体不是警察，而是警察送回家的走失儿童，体现了儿童相对于观者而言所处的主导地位。说明孩子的安全是人们最关心的，高于一切的。

图 14

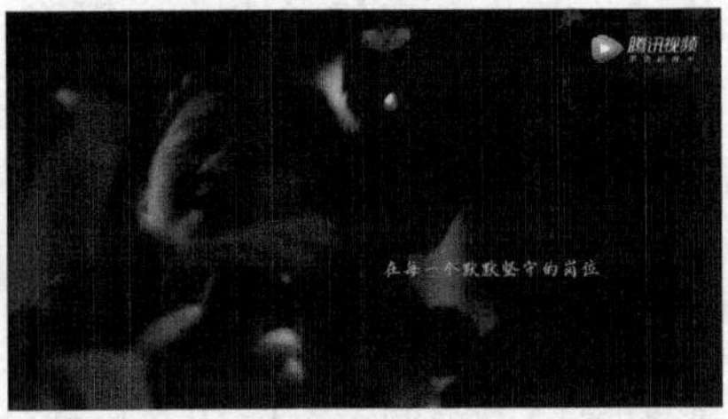


图 15

此外，表 3 的统计表明，画面的顶部位置、边缘位置和下方都没有，这说明该片不寻求观众的参与，也不树立权力和威望，不表现受挤压和排挤、渺小无力、从属、脆弱、无力等形象。

### 3.3 意识形态分析

上述互动意义的分析表明，《因为有你》中大量使用了平角角度、“提供”类画面以及较多的远景镜头，该片按“结果—原因”的结构叙事，通过“次事件代表复杂事件”（SUBEVENT FOR COMPLEX EVENT）这一转喻机制，用四个场景的次事件说明警察的日常工作这一复杂事件。尽管《因为有你》是警察形象宣传片，但是 97 帧画面中只有 36 帧是有警察的画面，其中以正面、近景形式出现的警察形象仅有 11 帧，似乎警察并不是这部宣传片的主角。大量的镜头都在讲述“不能陪伴孩子”“见女友父母迟到”“妻子生产不能陪同”“家庭聚会不能参加”这四个次事件以及造成这四个次事件的原因，即“女警察因在暴雨如注的雨夜指挥交通而不能陪伴孩子”“在见女友父母的路上抓小偷而约会迟到”“在火场救人而不能在妻子生产时陪在身边”“将迷路的小女孩送回家而不能参加家庭聚会”。由于转喻蕴含的意识形态特征和情感态度取向，因此这一转喻说明，宣传片制作者是从普通民众对于警察的期望这一视角来拍摄和剪辑的。而近景镜头、正面视角、中景镜头所表现的次事件参与者的情感状态则是对警察工作的辛苦和其默默奉献这一定位的间接表达，体现了该片的制作者——公安部宣传局，即官方对于中国警察的定位和要求。

该定位对于缓解形象危机有一定的作用，但是却忽视了我国公安机关的根本职能，即公安机关是武装性质的国家治安行政力量和刑事司法力量，主要职责是维护社会秩序、保护公民权利，是法律的执行者和公平正义的维护者。然而在现实生活中，警察的工作似乎和人们生活的方方面面都相关，人们也对警察赋予了很高的期待值，“一些地方党政部门往往将公安机关当成万能钥匙，通过行政命令使公安机关承担很多原本不应承担的责任。如计划生育、征粮派款、房屋拆迁、制止群众上访等等，这些本应由政府的其他部门承担的工作都由公安机关出头，无形中扩大了公安机关的对立面，甚至造成公安民警在正常执法过程中也得不到群众的理解，引起围攻和起哄，损坏了警察的形象”（周寅，2009：126）。

因此，本文认为，中国也应该像发达国家一样，逐步完善警察体制，其主要职责是打击犯罪，维护社会治安。我们更需要通过各种信息载体（如图像和视频等多模态话语），强调中国警察在打击犯罪、维护社会治安方面的作用。例如美国 2018 年 1 月推出的警察形象宣传片，就是以警察成功抓捕犯罪嫌疑人为主题，树立美国警察的英勇形象和威信。不论是图像还是视频，都是话语形式的一种，都在再现事件的同时参与社会实践和构建新的社会关系（田海龙，2009）。采取有效、广为接受的方式树立警察的权威，保障警察的良好形象，才能更好地维护社会秩序，保证国家的安全。

## 4. 结语

本文运用社会符号学的视觉语法理论，分析了警察形象宣传片《因为有你》中图像的互动意义，并在此基础上结合转喻的相关研究，分析了其中隐含的意识形态以及问题所在。本文的研究意义，一是尝试说明视频分析必须结合相关的电影理论，要针对不同的语类及其特征采取不同的视角或分析框架；二是尝试探讨建构正面、积极的警察形象的有效途径，为国家安全话语的研究贡献微薄之力，为今后该类话语的研究提供一定的借鉴。

**致谢：**

本文在撰写过程中，得益于和扬州警察培训学校张煜警官的讨论，特此致谢。

**注释：**

本文为 2018 年度江苏高校哲学社会科学研究基金项目“警察公共形象建构的话语策略研究——多模态视角”（编号：2018SJA0447）和 2018 年度江苏警官学院哲学社会科学创新团队项目“国家安全话语体系研究——警务视角”（编号：2018SJYTD16）的阶段性成果，并受到“江苏高校‘青蓝工程’”资助。

**参考文献：**

Forceville, C. 1996. *Pictorial Metaphor in Advertising*. London: Routledge.

Forceville, C. 2006. Non-verbal and multimodal metaphor in a cognitive framework: agendas for research. In Kristiansen, G., M. Achard, R. Dirven, & F. Ruiz de Mendoza (eds.). *Current Applications and Future Perspectives*. Berlin/New York: Mouton de Gruyter.

Forceville, C. & Urios-Aparisi, E. 2009. *Multimodal Metaphor*. Berlin/New York: Mouton de Gruyter.

Hart, C. 2014. *Discourse, Grammar and Ideology: Functional and Cognitive Perspectives*. London: Bloomsburg.

Kress, Gunther R. 2010. *Multimodality: a social semiotic approach to contemporary communication*. London/New York: Routledge.

Radden, G. & Kövecses, Z. 1999. Towards a theory of metonymy. In Klaus-Uwe Panther & Radden, G. (eds.). *Metonymy in Language and Thought*. Amsterdam: John Benjamins.

van Leeuwen, T. 2005. *Introducing Social Semiotics*. London: Routledge.

李恒、周密，2017，打破“刻板印象”——自媒体环境下的警察形象再塑造，《北京警察学院学报》，第 6 期，58-63 页。

王子元，2013，关于传播学视角下警察形象塑造问题的思考，《山东警察学院学报》，第 4 期，153-156 页。

潘艳艳、李战子，2017，国内多模态话语分析综论（2003—2017），《福建师范大学学报》，第 5 期，49-59 页。

施旭，2017，《什么是话语研究》，上海：上海外语教育出版社。

宋琳琳、段相君，2015，涉警网络舆情传播与警察形象保卫策略研究，《湖北警官学院学报》，第 1 期，15-17 页。

田海龙，2009，《语篇研究：范畴、视角、方法》，上海：上海外语教育出版社。

张辉、罗一丽，2017，战略情报话语的批评认知分析——认知语法的视角，《外语研究》，第 6 期，4-10 页。

张菁、关玲，2013，《影视视听语言》，北京：中国传媒大学出版社。
周寅，2009，袭警背后的警察形象危机及其有效应对，《云南行政学院学报》，第 6 期，125-128 页。

**A Multimodal Discourse Analysis of National Security Discourse: a Case Study of the Police Image promotion video *Because of You***

Pan Yanyan, Jiangsu Police Institute
Ma Rupo, Jiangsu Police Institute

**Abstract:** The image crisis of China's police force in recent years greatly affected the police's law enforcement ability and credibility. As an important part of national security discourse, discourse on the police remains untouched. It is urgent that police discourse should be studied so that it can provide some enlightenment for the promotion of the image of the police, which in return will be helpful for the police to effectively combat crimes and safeguard public order. Based on the Visual Grammar Theory of social semiotics and studies on metonymy, this paper takes "Because of You", a police image promotion video, as an example to investigate its interactive meaning, ideological characteristics and problems. The significance of this study is twofold: one is to illustrate that video analysis should be done with reference to film theories and the analytical frame should be adopted according to the genre it belongs to; the other is to discuss how to effectively build a positive image of the police, and provide some suggestions for future research of police discourse of the same genre.

**Key words:** image of the police, interactive meaning, metonymy, ideology

**作者简介：**

潘艳艳，女，博士，江苏警官学院副教授。研究方向：话语分析、认知语言学。
马如坡，男，博士，江苏警官学院讲师。研究方向：公安安防。

论　文

《话语研究论丛》第六辑
2018 年

# 儒学与托马斯·贝里生态哲学思想研究

## ——批评话语分析视角*

◎ 杨梅　　吉林大学外国语学院

**摘　要**　本文采用话语历史研究方法进行批评话语分析，分为两部分：首先梳理儒家的生态智慧，解释“道”“仁”“和”“诚”“天人合一”如何体现生态观；之后探索生态危机背景下美国学界的反思与批判，阐明儒家思想在美国的传播与接受的背景，对代表性哲学文本内蕴的思想做出思想史的梳理和阐释，发掘儒学对美国生态哲学思想的意义及社会影响。通过研究以托马斯·贝里为代表的生态哲学思想的儒学源流，总结儒学生态思想在西方传播的一般规律和重大意义，辨析和界定研究中所使用的核心概念，梳理国内外有关儒学与生态哲学研究的脉络与现状。通过批评话语分析方法研究生态思想文本，探索纠正消费主义的思想路径，从而实现中华传统在现代社会的传承和转化，构建社会主义生态文明话语体系。本研究既可以为生态文明建设提供理论思想支撑，亦可在世界生态哲学领域形成深远影响，更好地诠释“人与自然是生命共同体”的生态文明价值观话语体系，与西方主流生态哲学界展开有效对话。

**关键词**　批评话语分析；生态哲学；儒学思想

* 通讯作者：杨梅
联系地址：长春市（130012）南湖大路 5372 号，吉林大学南湖校区
电子邮件：yangmei@jlu.edu.cn

基金项目：本文系教育部社会科学规划基金项目“批判话语分析视域下儒学与美国生态哲学思想研究”（项目编号：18YJA2H113）、教育部社会科学规划基金项目“兰卡斯特学派的批评性语篇分析方法的中国化研究”（项目编号：15YJA740049）、吉林省哲学社会科学基金项目（项目编号：2018B38）阶段性研究成果。

## 1. 引言

党的十九大报告明确提出“社会主义生态文明观”，加快生态文明体制改革，建设美丽中国，全面阐述了“人与自然是生命共同体”的思想。这从价值层面对生态文明建设提供了理论支撑。目前迫切需要对人与自然之间的关系重新理解，形成系统的生态哲学思想作为文化表征，树立良好的生态文明观，从而引导人们采取有利于生态文明建设的行动。儒学作为中国原生的精神和哲学传统，蕴含着深厚的生态思想，当代的创新价值之一旨在发挥其在中国及西方生态哲学领域的重要意义。本文着力探讨儒学与生态哲学的关系，厘清美国生态哲学的儒学传承，总结儒学生态思想在西方传播的一般规律和重大意义。在方法论上拓展批判话语分析研究视域，建构文化多元化的话语研究范式。

## 2. 儒学对西方生态哲学思想发展的意义

纵观西方过程哲学（Process Philosophy）、建设性后现代主义（Constructive Postmodernism），其对中国哲学思想的推重可见一斑。过程哲学奠基者怀特海（Alfred North Whitehead，1861—1947）自 20 世纪 20 年代开始反思现代西方文明，认为自己的哲学思想与中国古典思想相契合（1929：7）。美国生态哲学家、后现代思想家、最早提出“绿色 GDP”的学者小约翰·柯布（John Cobb Jr.）是怀特海过程哲学的第三代传人，他认为天地人和、阴阳互补的价值观念应该成为后现代世界的支柱性价值观，实现环境友好、人与社区共荣和共同福祉的后现代理想。秉承这种观念的学者还有美国哲学家大卫·格里芬（David Ray Griffin）、菲利普·克莱顿（Philip Clayton）等。挪威生态哲学家阿尼·奈斯（Arne Naess，1912—2009）提出“深度生态学”（Deep Ecology）的概念，把人与自然作为整体关联，其哲学基础吸收了中国道家思想。美国当代哲学家、生态思想家托马斯·贝里（Thomas Berry，1914—2009）自 20 世纪 40 年代开始正视并反思西方现代化和工业革命带来的环境危机问题，转向儒学中蕴含的生态思想，追求人与自然一切生命共同体的关系。玛丽·伊芙琳·塔克（Mary Evelyn Tucker）从事生态学与东亚儒学研究 40 年，对“气”的哲学有深入探讨，推重人与自然的一体化生态哲学观。世界宗教与环境保护联盟秘书长 Mark Palmer（彭马田）将《庄子》翻译成英文，并直言：“我认为，这本公元前 4 世纪哲学家庄子的著作，是对这个世界最伟大的指导。我非常享受将它翻译成英文的过程，在你能读到的关于智慧和哲学的书籍中，这绝对是最有趣、最富活力，也最不同寻常的一本……在道家看来，世界上有两种巨大的力量，即阴和阳，二者是相克的。我们要做的就是保持两者之间的平衡。”2013 年，国际儒家生态联盟（ICEA）在嵩阳书院落成，这是历史上儒家首次对不仅是中国，而且是世界面临的环境问题做出组织性反应。

国内哲学界通过生态思想的激发而重新阐释儒家学说的成果丰硕。冯友兰早在 20 世纪 40 年代就提出了主客体合一的“天地境界”概念，季羡林（1993）也从“天人合一”新解阐释了中国思想中人和自然的关系。陈来在《中华文明的核心价值》（2015）中阐释了“关联宇宙”和“天人合一”的价值，前者把世界上的事物看作关联性的存在；后者强调人与自然、天道的一致，使天地万物构成一个不可分割的整体。儒学思想的生态内涵是杜维明 20 世纪 80 年代以来学术研究的一个重点。程相占（2008）提出，自然环境感知对于包括儒学在内的中国传统思想影响巨大，传统儒学思想与当代生态智慧之所以具有内在关联，环境感知是值得重视的原因。汤一介提出，“由于儒家文化中，有着丰富的关于‘和谐’和‘中庸’的思想，对这些意义的思想资源给以适应人类社会发展的新的诠释”（2012）。

### 3. 批判话语分析的跨学科语研究

在语言学界，批判话语分析学者对环境话语、气候变化等重要议题亦有所论述，但其重点在于对新闻、政治、广告话语的分析，通过语篇表现形式，发现语篇承载的实质性内涵和构建的深层次的社会意义如环境伦理、环保与顺从污染的行动研究（如 Smith，2006；Hansen and Machin，2008）。批判话语分析（Critical Discourse Analysis，又译为“批评性语篇分析”）作为语言学的一个新兴的前沿性的学科，其理论形成及应用的时间只有 30 年，但是研究呈现宽领域、立体化的特征，具有广泛的哲学和社会学基础，在语言学及跨学科研究中具有重要的影响。国外关于批判话语分析的研究，最早起源于 20 世纪 70 年代末 Fowler，Hodge 和 Kress（1979）等学者创立的批评语言学（Critical Linguistics），它反对主流语言学中的两种二元论观点，即将语言系统与语言使用相分离、将语言内容与语言形式相分离的做法。在批评语言学基础上发展而来的批判话语分析结合语篇分析方法与语言的社会功能理论，在社会、文化、历史语境中研究语言，把语言看作交际手段和社会实践，在理论上、方法论上着重研究语言、权力、意识形态之间的关系，认为语言是意识形态的表征并反作用于意识形态，通过解构和建构意识形态推动社会改革（Fairclough，1989；van Dijk，1990；Wodak and Meyer，2001，2009；van Leeuwen，2008；Wodak，2011，2015）。批判话语分析的特点是理论框架多样化、研究范式开放化，因此发展过程中不断推陈出新，其代表性学者包括 Fairclough 的语篇实践方法、Wodak

的语篇历史方法、van Dijk 的社会认知方法、Chilton 的语言认知方法、Baker 和 McEnery 的语料库批评话语分析方法、van Leeuwen 的系统功能多模态分析方法等。批评话语分析进行跨学科和多学科的研究，因此研究对象极为广泛，如媒体话语、政治话语、种族话语、难民话语、性别话语、女权话语等。西方批判话语分析的哲学基础是马克思主义（Fairclough，1989，2009），批判话语分析学者共同的目的是“用不同的方式解释世界，而问题在于改变世界”。

自 2000 年起，批判话语分析开始得到中国学者的广泛关注，并被应用到中国语境下的各领域进行跨学科的话语研究，但鲜有对生态哲学的研究。面临环境问题，项蕴华等（2014）学者曾对气候变化语篇展开深入讨论，以探究中国应对全球气候问题的态度和立场。目前国内批判话语分析研究主要体现于四个方面：一是辛斌（2004，2008）从 20 世纪 90 年代开始对批评话语分析进行意识形态观和互文性理论研究，最新的研究是中美关系危机话语的互文性与对话性比较应用；钱毓芳（2010，2011，2014）介绍了基于语料库的批评话语方法，应用于中西政治话语比较。二是中国化视角的理论研究和汉语语篇分析的应用，田海龙（2002，2004，2006，2007，2008，2009，2010，2014，2016）讨论语篇研究的不同视角和方法探索，以现代汉语语篇为研究对象，结合中国社会实际开拓语篇研究的有效途径；项蕴华（2004，2009，2013，2014）围绕中国社会生活中的语料，开展对下岗女工身份认同的应用研究，进行维也纳学派和兰卡斯特学派的批评话语分析中国化研究；2006 年“中国当代新话语”（New Discourses in Contemporary China，NDCC）的创立标志其中国化研究的突破性进展，已于 2016 年召开第 9 届国际学术会议。三是对西方主流话语分析流派进行文化批评并建构文化多元化的理论研究和应用，施旭（2010，2015，2016）提出话语研究的中国范式（哲学、理论、方法、问题意识层面）并对人权话语、贸易纠纷话语、城市发展话语、国防话语做了实证研究。四是比较批判话语分析与积极话语分析（Positive Discourse Analysis，PDA）的关系，提出了两种观点：一是认为 PDA 是 CDA 的延伸和补充（朱永生，2006；胡壮麟，2012）；二是 CDA 既具有解构意义，也具有建构意义，因此 CDA 已经包含 PDA（李桔元、李鸿雁，2014）。2017 年 10 月，许嘉璐与小约翰 · 柯布在北京进行了两场对话，围绕“生态文明与中华民族复兴”的主题阐述最新思想，标志着国内外语言学与生态哲学界合力建设性研究的开始。

综观上述两条路径的国内外研究现状，首先，国外的批判话语分析研究重点仍在通过话语分析揭露隐含的权力不平等并试图实现社会文化维度的变革，虽然研究方法、研究对象多样，却缺乏研究视角和目的的创新。其次，国内的批判话语分析向系统化研究发展，初步形成了自身的理论框架和分析方法，视角上跨文化跨历史，问题意识上关注中国的发展，实证研究上应用于汉语语篇和中英语篇对比的研究，目的上发展具有中国特色的语篇研究，但尚未突破区分“中国化”和“在中国”的批判话语分析范式，研究模式上呈现与西方二元对立观。第三，国内外话语分析领域对生态哲学的研究不足，国内学界有义务有必要去探索能够反映深厚的中华文化传统、智慧和洞见的思想，并且让这种探索在世界生态哲学和语言学领域形成深远影响。

## 4. 儒家思想的生态内涵对贝里的深刻影响

梳理儒家的生态智慧，不难发现“道”“仁”“和”“诚”“天人合一”体现的生态观。人与自然的关系实则是一种道德价值，人类在自然中实现的创造力无疑是道德创造力，儒家之“道”就是自然精神，既广被天地万物，也存于生命之中，不追求物质享受的最大化，而是追求生命之美，使得生态文明中的日常生活超越了现实的功利追求。《易经》虽为儒、道所用，但它与儒家的联系更为紧密，自然界的变化存在于事物之中，而非外力所至，《易经》既反映了自然世界的本质规律，又提供了基于自然世界的人类的道德指导，强调阴阳转化在自然和道德理想中的中心地位，“一阴一阳之谓道，继之者善也，成之者性也”(《系辞传上》)。贝里认为，《易经》对个人在大的复杂整体以及与万物的关系有非常清楚的解释，每一时刻的出现都是不断呈现于变化过程中的某时，自然世界之道就是人类被赋予的道德律。

儒家之“仁”是理解一切生命的爱之实质，不仅是人与人之间，也是人与自然、天命之间的关系的基础。“仁”是一种平等主义的价值观：孟子有言，“亲亲而仁民，仁民而爱物”(《孟子·尽心上》)；宋儒程颢有言，“仁者，以天地万物为一体，莫非己也”；王阳明也有“大仁者以天地万物为一体”的思想。贝里认为“仁”观体现了万物之间的亲密关联，自然科学中牛顿的万有引力定律也有相似的道理，“安土敦乎仁，故能爱”(《系辞传上》)，“仁”是精神上的普世价值与自然法则，正是这个基于宇宙力的道德律赋予人类爱的能力。

儒家之“和”是生命个体之间关系的境界，宋明理学家不仅把“和”看作儒家学说的精神指引，更是社会实践的推动力量。人与自然的和谐相处是儒家精神维度的核心。《中庸》第一章有言：“喜、怒、哀、乐之未发、谓之中。发而皆中节、谓之和。中也者、天下之大本也。和也者、天下之达道也。致中和、天地位焉、万物育焉。”《大学》中八条目“修身齐家治国平天下”强调“自天子以至于庶人，壹是皆以修身为本”。修身最终要达到人与天地万物之“和”的境界。贝里强烈认同自我发展就是“己”在家、社团、自然世界中实现和谐统一的道德维度修养，这种与外界和谐关系的需求指引并最终反映在个人的思想、需求与行为层面。

儒家之“诚”是人与自然关联的道德意志，《中庸》有文字阐释人与自然界的紧密关联性：唯天下至诚，为能尽其性；能尽人之性，则能尽物之性；能尽物之性，则可以赞天地之化育；可以赞天地之化育，则可以与天地参矣（第22章）。贝里对《中庸》的“诚”有深入的理解：“诚是一种深入生命本源的美德，是人类和整个宇宙转化的终极力量。这种力量与天道自然紧密相连，一同生发、维系、改变宇宙万物。”

儒家“天人合一”的思想阐释了人与自然之间的和谐之美，蕴含人与自然的平衡智慧，是“以人为本”，但并非以人类为中心，这种人与天的关系的诠释，表明了人与自然的一体关系，即人不是索取和征服大自然的主宰。贝里对此如此诠释：宇宙是各个主体的交谊，而非客体的集合。这就暗含我们重获与整个自然界原本的亲密关系之意。我们属于这里，我们的家园就在这里，我们生命的精彩和充实都在这里。与周围的宏大宇宙实现精神认同，实现真正的融合，我们的生命才能真正充实。

## 5. 贝里生态哲学及社会历史语境

西方工业文明以人类中心主义为价值，在贝里的思想中，对西方个人主义，“己/自我”以个体形态出现，与中国文化崇尚集体主义精神，人与自然万物和谐相处的道德价值对比有所讨论。中国传统文化语境下的“己/自我”，是广义的，超越个体“自我”，在化育万物、生生不息的宇宙转化过程中实现自我价值，即“小我”与“大我”之间的关系。这些核心思想，都是深入个人生命根源的美德，与自然界产生连接并一同生发。这是贝里基于对儒家思想的理解而对西方个人主义的深刻反思（Thomas Berry，2003a：39-55）。

人与自然的关系实则是一种道德价值，人类在自然中实现的创造力无疑是道德创造力，中国哲学蕴含的生态智慧建设归根结底是人的环境伦理和道德建设的养成，对现代工业社会人类思维方式的转变有重要影响。在《伟大的事业》最后一章里，贝里有一段充满深情的独白：“没有翱翔的鸟、博大的森林、昆虫的声音和色彩、自由流淌的河流、鲜花盛开的原野、白天的云层和夜晚的星光，我们将在所有那些使人成为人的方面一贫如洗。”（托马斯·贝里，2005：前言）这就是促使贝里终生为地球发言的主要原因。贝里深刻的生态哲学洞见使我们从自然世界中发现精神意义，“宇宙是各个主体的交谊，而非各种客体的集合”（Thomas Berry，2003c：570）。发现存在于自然内部的人类道德价值就是重要的精神意义，这些提供了人类行为的指导。

贝里发表了大量文章，对20世纪重要的人类问题做出回应，关注工业社会的生态状况。他于1968年出版了《佛教》；1988年出版的《地球之梦》获得了1995年兰南写实文学奖；1991 年出版的《与地球交朋友》一书，是他与托马斯·克拉克（Thomas Clark）关于宗教与地球的对话；1992 年，他与布赖恩·斯威姆（Brian Swimme）合著出版了《宇宙的故事》；2003 年，他撰文《中国文化传统中的个人与整体》，从宗教文化语境阐述根植于儒家思想的集体主义精神；2009 年，他的学生 Mary Evelyn Tucker 编辑并出版他的著作《神圣的宇宙：地球、精神与 21 世纪宗教》。1999 年出版的《伟大的事业：人类未来之路》已经译成中文，2005 年由北京三联书店出版。另外，贝里的“生态纪”思想已被编入董琨主编的《新课标语文读本·高三现代文》，培养年轻一代的生态文明意识。贝里在生态哲学领域做出的卓越贡献为全世界肯定，“托马斯·贝里”生态与宗教奖的设立旨在鼓励表彰在此领域做出贡献的学者。2000 年 8 月联合国千禧年宗教及精神领袖世界和平高峰会议第二届“贝里生态与宗教奖”的获得者，正是新儒家代表、原哈佛燕京学社社长、现北京大学高等人文研究院院长杜维明教授。

贝里被誉为“生态纪”之父，曾于 1948—1949 年在中国学习，在此期间遇到美国汉学家狄百瑞（William Theodore de Bary，1919— ），这段学习经历对贝里的学术生涯影响深远，对东亚传统文化尤其是儒家思想的理解成为他生态哲学形成的基石。贝里是终生为地球发言的哲人，在《伟大的事业》一书中，贝里定义“生态纪”（Ecozoic，又译“生态生代”）的概念是“只有一个完整的地球共同体，它包括全部组成成员：人类和非人类的。人类以共同受益的方式存在于地球上的一个时期，是地球史上的新纪元”（托马斯·贝里，2005：前言）。这种方式有赖于人类对现有生存方式的改变和对生态生存模式的创造，并且这种改变与超越不是我们自由选择的结果，而是我们生而面对的（托马斯·贝里，2005：8），因此现在正是充满希望的行动时刻，在一个感觉得到的秩序中，宇宙是唯一的自我指向的存在（托马斯·贝里，2005：20）。

贝里提供了清晰而深邃的思考：以工业文明为主导的西方文化存有个人中心主义的意识模式，缺乏人类与自然的一体化意识，而儒家思想中蕴含深厚的生态智慧，其根本是人与自然一切生命体的统一而非割裂的关系。人与自然是敬畏、尊重而非无限使用的关系，去人类中心主义就是消除人类是自然界主宰的价值观，在自然世界里探寻并实现人类道德价值。

## 6. 结语

虽然儒家思想的生态哲学已经于 20 世纪 40 年代以来在国内外得到不同程度的研究，国内对国外生态哲学家的引介性研究也有蓬勃发展的态势，但对西方生态哲学家思想受中国哲学影响的系统研究尚属首次，应用批判话语分析的研究方法，从国际视域重新阐释中国哲学的生态智慧以及它对当代西方哲学家的重要意义、形成与应用的过程是本课题的创新之处。这一研究促使我们从国际视角重新审视中国哲学蕴含的生态智慧，以及它在科研机构、社会、自然科学、社会科学领域得到的广泛关注和应用。

本文提出语篇历史方法不能局限于一种社会、政治、文化、历史环境，这一理论使语境化语篇研究成为必然。本文采用跨学科研究，在哲学与语言学的双重学科视域下对国外哲学家思想形成的中国哲学影响进行分析，实现思辨和实证的辩证统一。正如杜维明、程相占（2008）提出的，通过生态智慧的激发而重新阐释儒家学说，通过丰富生态智慧而实现“儒学创新”，应该是中国学者的自觉追求。杜维明认为，人有责任来开创有利于人的长期发展的环境，而这个责任是和天合作的。第一，人是观察者，人的观察是全面的；第二，人是欣赏者，欣赏大自然的美；第三，人也是一个积极的参与者，能主动地“参天地之化育”。而人参加了天地宇宙转化的过程，因此也有资格说，人是一个创造者，就是儒学认为的“天生人成”。本文旨在发掘中国传统哲学的当代价值，以及它如何在世界范围内产生深远影响。

诚然，把“生态文明”作为学术话语的基本理念和解释原则，为当代环境伦理学术走出困境开拓了广阔的和开放的理论空间，也为当代生态哲学承担反思选择的标准的历史任务展现了现实的发展道路。

**参考文献：**

Berry, Thomas. 1988. *The Dream of the Earth*. San Francisco: Sierra Club Books.

Berry, Thomas. 1999. *The Great Work: Our Way into the Future*. New York: Harmony/Bell Tower.

Berry, Thomas. 2003a. Individualism and Holism in Chinese traditions: The religious cultural context. In Tu Weiming and Mary Evelyn Tucker (eds.). *Confucian Spirituality*. New York: Crossroad.

Berry, Thomas. 2003b. Affectivity in Classical Confucian tradition. In Tu Weiming and Mary Evelyn Tucker (eds.). *Confucian Spirituality*. New York: Crossroad.

Berry, Thomas. 2003c. The universe story: Its religious significance. In Roger S. Gottlieb (ed.). *Liberating Faith: Religious Voices for Justice, Peace, and Ecological Wisdom*. Lanham, MD: Rowman & Littlefield.

Berry, Thomas. 2006. *Evening Thoughts: Reflecting on Earth as Sacred Community*. San Francisco and Berkeley: Sierra Club and the University of California Press.

Berry, Thomas. 2009. *The Sacred Universe: Earth, Spirituality, and Religion in the 21st*

*Century*. New York: Columbia University Press.

Berry, Thomas and Brian Thomas Swimme. 1992. *The Universe Story*. San Francisco: Harper SanFrancisco.

Berry, Thomas and Thomas Clark. 1991. *Befriending the Earth: A Theology of Reconciliation between Humans and the Earth*. Mystic, CT: Twenty-Third Publications.

Clayton, Philip. 2006. *Mind and Emergence: From Quantum to Consciousness*. New York: Oxford University Press.

Cobb, John and David Griffin (eds.). 1977. *Mind in Nature: Essays on the Interface of Science and Philosophy*. Washington, DC: University Press of America.

Fairclough, Norman.1989. *Language and Power*. London and New York: Longman.

Keenan, Barry C. 2011. *Neo-Confucian Self-Cultivation*. Honolulu: University of Hawaii Press.

Littlejohn, Ronnie L. 2011. *Confucianism: An Introduction*. London: I.B. Tauris.

Shi-xu. 2013. *Discourse and Culture: From Discourse Analysis to Cultural Discourse Studies*. Shanghai: Shanghai Foreign Languages Press.

Shi-xu. 2014. *Chinese Discourse Studies*. Basingstoke, England: Palgrave Macmillan.

Shi-xu. 2016. Cultural discourse studies through the Journal of Multicultural Discourses: 10 years on. *Journal of Multicultural Discourses*, (11) 1: 1-8.

Tu, Weiming. 1978. *Humanity and Self-Cultivation: Essays in Confucian Thought*. Berkeley: Asian Humanities Press.

Tu, Weiming. 1998a. Beyond the Enlightenment Mentality. In Mary Evelyn Tucker and John Berthrong (eds.). *Confucianism and Ecology: The Interrelation of Heaven, Earth, and Humans*. Cambridge, MA: Harvard University Press.

Tu, Weiming. 1998b. The Continuity of Being: Chinese visions of nature. In Mary Evelyn Tucker and John Berthrong (eds.). *Confucianism and Ecology: The Interrelation of Heaven, Earth, and Humans*. Cambridge, MA: Harvard University Press.

van Leeuwen, Theo. 2008. *Discourse and Practice–New Tools for Critical Discourse Analysis*. New York: Oxford University Press.

Whitehead, Alfred North. 1929. *Process and Reality: An Essay in Cosmology*. New York: Free Press.

Wodak, Ruth. 2011. *The Discourse of Politics in Action: Politics as Usual* (2nd revised edition). Basingstoke: Palgrave Macmillan.

Wodak, Ruth. 2015. *The Politics of Fear: What Right-Wing Populist Discourses Mean*. London: Sage.

Wodak, Ruth and Michael Meyer. 2009. *Methods of Critical Discourse Analysis* (2nd revised edition). London: Sage.

陈来，2001，《现代中国哲学的追寻：新理学与新心学》，北京：人民出版社。

陈来，2015，《中华文明的核心价值》，北京：人民出版社。

杜维明，2010，《天与人：儒学走向世界的前瞻》，北京：北京大学出版社。

杜维明，2013，生态智慧不够导致生态问题难解，生态文明贵阳国际论坛 2013 年年会儒学生态论坛，7 月 20 日。

杜维明，2014，《二十一世纪的儒学》，北京：中华书局。

杜维明、程相占，2008，环境感知、生态智慧与儒学创新，《学术月刊》，第 40 卷 1 月号。

冯友兰，2000，《中国哲学史》，上海：华东师范大学出版社。

胡壮麟，2012，积极话语分析和批评话语分析的互补性，《当代外语研究》，第 7 期，3-8 页。

季羡林，1993，“天人合一”新解，《传统文化与现代化》，第 1 期，9-16 页。

黄国文、徐珺，2006，语篇分析与话语分析，《外语与外语教学》，第 10 期，1-6 页。

李桔元、李鸿雁，2014，批评话语分析研究最新进展及相关问题再思考，《外国语》，第 4 期，88-96 页。

李元来，2006，敬畏自然界、呼唤“生态纪”——读《伟大的事业：人类未来之路》，《二十一世纪》，总第 96 期。

潘岳，2008，中华传统文化蕴含深厚的生态文明，2008 年 12 月“改革开放 30 年环保高峰论坛”主题演讲。

施旭，2010，《文化话语研究：探索中国的理论、方法与问题》，北京：北京出版社。

施旭，2015，西方学术与中国话语体系建构，《中国社会科学报》，第 866 期，第 6 版。

施旭，2016，国防话语的较量——中美军事战略的文化话语研究，《外语研究》，第 1 期，1-10 页。

托马斯 · 贝里，2005，《伟大的事业：人类未来之路》，曹静译，北京：三联书店。

田海龙，2003，《后现代生活中的话语：批评话语分析再思考》评介，《外语教学与研究》，第 3 期，318-320 页。

田海龙，2007，语言选择研究的后现代特征，《外语学刊》，第 6 期，8-12 页。

田海龙，2014，《批评话语分析：阐释、思考、应用》，天津：南开大学出版社。

田海龙，2016，批评话语分析精髓之再认识——从与批评话语分析相关的三个问题谈起，

《外语与外语教学》，第 2 期，1-9 页。
田海龙、徐涛，2010，《语篇的庐山真面》，天津：南开大学出版社。
田海龙、张迈曾，2007，语言选择研究的后现代特征，《外语学刊》，第 6 期，8-12 页。
项蕴华，2004，简述 Fairclough 的语篇分析观，《山东外语教学》，第 5 期，19-22 页。
项蕴华，2009，《语篇分析视角的再思考》，长春：吉林大学出版社。
项蕴华，2013，维也纳学派语篇—历史分析方法及其在中国的应用，《武汉大学学报（人文科学版）》，第 1 期，104-108 页。
项蕴华，2014，《维也纳学派的批评性语篇分析理论在中国的应用研究》，长春：吉林大学出版社。
辛斌，2004，批评性语篇分析：问题与讨论，《外国语》，第 5 期，64-69 页。
辛斌，2008，批评性语篇分析：批评与反思，《外语学刊》，第 6 期，63-70 页。
朱永生，2006，积极话语分析：对批评话语分析的反拨与补充，《英语研究》，第 4 期，36-42 页。

## The Origin of Confucian Ecological Wisdom in Thomas Berry's Thought: A Critical Discourse Analysis

Yang Mei, Jilin University

**Abstract:** Confucianism provides the harmonious foundation of human and nature: the world is not composed of things but composed of relationships; human beings utilize nature depending on awe and respect rather than being the master of nature. This moral and spiritual cultivation is a unique Chinese contribution to ecological philosophy. Thomas Berry's ecological thought criticizes and retrospects Western civilization and industrialization. He points out that this self-centered model is lack of holism of human-nature relationship. Applying Discourse-Historical Approach in Critical Discourse Analysis, this essay first studies cosmological philosophy and ecological wisdom in Confucianism. In specific, it interprets "dao" (Way), "ren" (Humaneness), "he" (Harmony), "cheng" (Sincerity) and "tianrenheyi" (unity of Heaven and humanity) in Classical and Neo-Confucian texts. It then explores the influence of Confucian ecological philosophy on Eastern-Western thought in environmental ethical thought. The Confucian worldview is committed to an ethic of responsibility informed by a transcendent vision. This study provides an innovative and constructive approach of foundation of value of Confucianism in modernization and its deep meaning to Eastern-Western ecological philosophy.

**Key words:** Critical Discourse Analysis, ecological philosophy, Confucianism

**作者简介：**

杨梅，女，博士，副教授，硕士生导师。研究方向：应用语言学、文化与话语研究。

论　文

《话语研究论丛》第六辑
2018 年

# 政治语篇的批评隐喻分析

## ——以习近平在纪念红军长征胜利 80 周年大会上的讲话为例*

◎ 曹春燕　　天津商业大学外国语学院

**摘　要**　批评隐喻综合运用批评话语分析、语料库分析、语用学和认知语言学研究分析隐喻，揭示隐藏的思想、价值和意识形态。在政治演讲中，领导者往往使用一定的话语策略，将他们的观念传达给听众，以实现演讲的特定目的。本文以习近平总书记在纪念红军长征胜利 80 周年大会上的重要讲话为分析对象，以批评话语分析为理论框架，运用 Charteris-Black 的批评隐喻分析方法，探究国家领导人是怎样对长征精神进行解读和建构以团结全国人民为实现中华民族伟大复兴而奋斗的。经过分析可以发现，该讲话主要运用了旅行隐喻、战争隐喻以及建筑隐喻等，这些隐喻可以极大地激发和唤起中国人民为实现社会主义现代化而奋斗的信念和动力。

**关键词**　政治语篇；批评隐喻分析；意识形态

## 1. 引言

公众演讲是为说服听众采取某种行动，加强、削弱或彻底改变他们对某事的态度或信仰而做的演讲。作为政治语篇的一类，其具有很强的逻辑性、说服性和倾向性。从本质上来说，政治活动集中体现了领导者的意识形态。各个政党提出的方针、政策等，归

* 通讯作者：曹春燕
联系地址：天津市北辰区津霸公路东口天津商业大学外国语学院
电子邮件：1960105183@qq.com

根结底也是意识形态支配的结果。语言是思想的载体，意识形态正是通过政治语篇付诸话语实践，来明确地表达和传播思想观点，同时被他人接受或辩驳（吴丹苹、庞继贤，2011）。

Lakoff 和 Johnson（1980：3）指出："隐喻是具有说服力的，它不仅存在于语言中，也存在于我们的思想和行为中。我们通常的概念系统，我们的思想和行为，从本质上来讲都是隐喻性的。"政治家们尤其擅长使用隐喻，使复杂的政治问题为大众了解和接受，还可以激发群众的情感等。

中国人口众多，不同民族、不同地域的方言和民俗不尽相同，不利于国家的治理；另一方面，不仅不同地域之间经济发展状况不同，存在着贫富差距，并且同一地域之间也存在着贫富差距。过大的贫富差距不利于国家的长治久安。本文以习近平总书记在纪念红军长征胜利 80 周年大会上的重要讲话为分析对象，以批评话语分析为理论框架，运用 Charteris-Black 的批评隐喻分析方法，探究领导人是怎样对长征精神进行解读和建构以团结全国人民为实现中华民族伟大复兴而奋斗的。

## 2. 政治语篇分析

### 2.1 政治语篇

政治语篇一般是由政治人物提出的，通过语言媒介传递意识形态，是典型的交际与说服活动。陈文革（2006）认为，政治语篇应限定为那些与正式或非正式政治背景和政治从事者，特别是政客、政府、政治传媒以及在政治环境下为取得政治目标的政治支持者有关的语篇。田海龙（2002）也认为政治语篇包括演讲、标语、宣言及政治家回答记者提问等方面。据此，本文分析的语料——习近平在纪念红军长征胜利 80 周年大会上的讲话——是典型的政治语篇。

### 2.2 政治语篇分析和批评话语分析

批评话语分析（Critical Discourse Analysis，CDA）旨在分析语言、权力和意识形态的关系，揭示语篇如何源于社会结构和权力关系，又如何为之服务（田海龙，2016）。从本质上讲，政治语篇分析也属于批评话语分析，它以语言学和其他学科知识作为基础探究政治语篇中话语、权力和意识形态之间的关系。语言学家把政治语篇作为研究政治观点的阵地，对语言与政治的关系进行了细致入微的研究（田海龙，2002）。根据 van Dijk（2001）的观点，尽管政治语篇分析也是跨学科的，但是大部分政治语篇分析是由语言学家和语篇分析家完成的。Geis（1987）研究了政治和媒体之间的关系，以及政治是怎样被美国媒体覆盖的。他的结论是，那些看起来很平常的政治语言能够无意识但是很强烈地影响人们的思想。

### 3. 批评隐喻分析

批评话语分析从语言的角度研究社会问题，并试图通过语言分析来揭示语言所标示的社会意义及意识形态（田海龙，2009）。目前，批评话语分析的主要分析方法有 Fairclough（2001）的“语篇实践方法”、Ruth Wodak（2001）的“语篇历史方法”以及 van Dijk（2001）的“社会认知方法”等。大部分批评话语分析方法都是在 Halliday 的系统功能语法的基础上进行的。而“批评隐喻分析”是批评话语的一种新方法，它综合运用语料库分析、语用学和认知语言学的研究方法分析隐喻的语言、语用和认知特征，揭示话语群体的信仰、态度和感情（纪玉华、陈燕，2007）。

Charteris-Black 的《批评隐喻分析之语料库研究方法》（*Corpus Approaches to Critical Metaphor Analysis*）被认为是第一部综合了语用学、认知语言学、语料库语言学和批评话语分析的专著。该书认为，隐喻是具有说服力的，能够唤起人们的情感，影响人们的判断，因而能有效影响人们的意识形态，说服人们用特定的方式看待世界。批评隐喻把语言分析与认知理解和社会知识结合在一起，可以解释讲话人/作者在特定类型的语篇中选择隐喻而非其他表达方式的意识形态动机（纪玉华、陈燕，2007）。这样，利用批评隐喻分析方法，隐藏的思想、价值和意识形态能够被识别出来。Charteris-Black（2004）认为，对社会上有权力的人（比如政客、媒体等）的话语做批评性分析将会让我们看到哪些因素在影响着他们的用词。在语料库的基础上，Charteris-Black 探索了隐喻的本质以及隐喻在语言中的作用。

Charteris-Black 在借鉴 Fairclough 关于批评话语分析的“三维分析模式”基础上，概括总结出批评隐喻分析的三个步骤，即隐喻识别（Metaphor identification）、隐喻描述（Metaphor interpretation）和隐喻阐释（Metaphor explanation）（武建国、谢洪，2004）。隐喻识别有两个阶段：a）详细阅读文本，识别具有代表性的隐喻；b）识别隐喻关键词，包括字面上的以及隐喻性的词语。隐喻描述就是要建立起隐喻和决定该隐喻的认知因素、语用因素等其他因素之间的关系。隐喻阐释就是要分析这些隐喻和它们在实现社会目标中的说服性功能。

## 4. 案例分析

2016 年 10 月 21 日，在人民大会堂举行了纪念红军长征胜利 80 周年大会。本文选取习近平总书记在此次大会上的重要讲话为分析对象，运用批评隐喻方法对其进行批评话语分析。对这篇讲话的隐喻研究，引用了 Charteris-Black 提出的“共鸣值”（token）概念。共鸣值是用于测算某类始源域在语料中使用频率高低的参数，由“隐喻关键词总数”和“隐喻出现总次数”的乘积所得。然后，再测算出每一种概念隐喻共鸣值所占总共鸣值的比例，以此来分析语料中主要的概念隐喻。

### 4.1 隐喻识别

隐喻不是一个绝对概念，而是一个相对概念，因为不同的人有不同的隐喻认识，这取决于人们的经历。所以在某种程度上，隐喻识别带有一定程度的主观性。为了使研究更客观，笔者仔细检查了几次。以旅行隐喻的识别为例做一个说明。为了识别代表性的隐喻，笔者首先对文本进行了仔细阅读。在选择代表性隐喻的时候，参考了 Charteris-Black（2004）身份识别的原则，即语义张力在语言学、语用学或认知层面对目标域引起的转移。接下来，将隐喻性的词语分成不同种类的隐喻关键词，比如文本中的“走”“迈进”等。对这些隐喻关键词进行检查之后，利用 Word 的“查找”功能找出了所有关键词的数量。然后根据语境判断关键词是否具有隐喻意义。在本文中隐喻关键词以下画线的形式出现。举例：1）坚定不移<u>走</u>符合中国国情的革命、建设、改革道路。2）长征<u>走</u>的是高山峻岭，渡的是大河险滩，过的是草地荒原……在 1）中，“走”具有隐喻含义，因为指的是中国的革命、建设和改革，就像是旅行的路径；2）则不具有隐喻含义，“走”在这里只是字面含义。

对长征讲话的隐喻使用进行分类统计，结果为：

**表 1 长征讲话中使用来自不同始源域的隐喻情况汇总**

| 始源域 | 隐喻关键词总数 | 隐喻出现总次数 | 共鸣值 | 占共鸣值的百分比 |
|---|---|---|---|---|
| 旅行隐喻 | 42 | 163 | 6846 | 47.65% |
| 战争隐喻 | 20 | 114 | 2280 | 15.87% |
| 建筑隐喻 | 21 | 88 | 1848 | 12.86% |
| 有机体隐喻 | 15 | 81 | 1215 | 8.46% |
| 圆圈隐喻 | 11 | 42 | 462 | 3.22% |
| 植物隐喻 | 13 | 29 | 377 | 2.62% |
| 机器隐喻 | 11 | 31 | 341 | 2.37% |

续表

| 始源域 | 隐喻关键词总数 | 隐喻出现总次数 | 共鸣值 | 占共鸣值的百分比 |
|---|---|---|---|---|
| 宗教隐喻 | 8 | 36 | 288 | 2.00% |
| 游戏隐喻 | 12 | 22 | 264 | 1.84% |
| 家庭隐喻 | 5 | 49 | 245 | 1.71% |
| 其他隐喻 | 15 | 25 | 201 | 1.40% |
| 总数 | 173 | 680 | 14367 | 100.00% |

从表 1 可以看出，文本主要的隐喻有：旅行隐喻、战争隐喻、建筑隐喻、有机体隐喻、圆圈隐喻、植物隐喻、机器隐喻、宗教隐喻、游戏隐喻以及家庭隐喻等。它们所占的百分比分别为 47.65%、15.87%、12.86%、8.46%、3.22%、2.62%、2.37%、2.00%、1.84%、1.71%、1.40%。旅行隐喻约占总数的一半，是使用最多的隐喻。

### 4.2 隐喻描述

#### 4. 2. 1 旅行隐喻

旅行隐喻占隐喻总数的 47.65%，是运用最多的隐喻。Lakoff（1989：10）把旅行隐喻总结为“带有目的性的行为是沿着道路走向目的地的旅程（Life is a journey）”。旅行隐喻常常被用来描述事物发展的过程，如爱情、生活或者国家的发展等（胡家英、李海艳，2013）。旅行隐喻在长征讲话中比喻中国社会的发展，从始源域到目标域的映射如下：1）旅行者是国家的社会主义现代化建设。2）动力是长征精神。3）领导者是中国共产党。4）路径是毛泽东思想、邓小平理论、“三个代表”重要思想、科学发展观等中国特色社会主义理论。5）目的地是实现中国梦，实现中华民族伟大复兴。6）困难是建设社会主义过程中遇到的种种挑战。

例 1　长征在我们党、国家、军队发展史上具有十分伟大的意义，对中华民族历史进程具有十分深远的影响。

旅途中会有很多重要的拐点，帮助旅行者从一个目的地走向下一个目的地。将中华民族的发展历史看作是旅行，旅行者就是所有中华儿女，长征是一个重要拐点——长征保存了中国的革命力量，使中国革命转危为安。习近平总书记在这里使用旅行隐喻，充分肯定了红军长征对中华民族发展的重要意义，同时唤起人们对那段艰苦卓绝岁月的回忆，激发起人们勇敢向前、敢于担当、继续为中华民族发展奋斗的动力。

例 2　长征给我们的根本经验和启示，就是要坚持马克思主义基本原理同中国具体实际相结合，坚定不移走符合中国国情的革命、建设、改革道路。

完成旅行，需要找到正确的方向。中国是世界上为数不多的社会主义国家，建设社会主义没有什么经验可以借鉴，一切都是摸索着前进。习近平总书记在这里使用旅行隐喻，借长征胜利的经验告诉我们，符合中国具体实际的社会主义道路才是正确道路。

例 3　不论我们的事业发展到哪一步，不论我们取得了多大成就，我们都要大力弘扬伟大长征精神，在新的长征路上继续奋勇前进。

例 4　伟大长征精神，……成为鼓舞和激励中国人民不断攻坚克难，从胜利走向胜利的强大精神动力。

改革开放以后，党的工作重心转移到社会主义现代化建设上来，开始了下一段的旅程，即新的长征路，这一新旅程的内容是国家的社会主义现代化建设，目的地是实现中华民族伟大复兴。

完成旅行，需要找到正确的方向，也需要不断前进的动力，因为旅途中会有一些必须克服的困难。新长征路是一条新的发展道路，所以会遇到一定的困难，比如讲话中提到的“雪山”“草地”“娄山关”“腊子口”，面对这些困难可能产生贪图安逸、不愿继续艰苦奋斗、骄傲自满、不愿继续开拓前进等问题，“长征精神”就是克服这些困难的动力。80 年前，中国在极其恶劣的情况下，克服了种种困难，取得了长征的胜利，所以长征精神也一定是新时代下鼓舞中国人民迎难而上的最强大的精神动力。

只有看到一定的风景才能有继续旅行的动力。同样地，在社会主义现代化建设中，只有看到一些已经取得的成就才能鼓舞人民继续奋斗。中华人民共和国成立以来，人民的生活水平有了很大的改善和提高，这些成就能鼓舞人民继续奋斗。习近平总书记在讲话中既提到已取得的成就，又强调了面对困难要继续发扬长征精神，可以极大鼓舞人民继续奋斗。

例 5　中国特色社会主义之所以能够不断前进，正是因为依靠了人民。

旅行，需要大家集体的智慧，相互辅助，才能走得更远。发展中国特色社会主义，同样需要依靠大家的智慧和力量，才能少走或不走弯路。

4.2.2 战争隐喻

战争隐喻出现的频率为15.87%，仅次于旅行隐喻。国内学者通过自建语料库或分析报纸新闻语料的方法，发现战争隐喻在汉语中无所不在，遍布在政治、经济、体育、商业和爱情等众多领域（袁影，2004）。在和平年代，战争词语通过隐喻的方式表达人们对客观世界和现代社会的认识（贾玉娟，2015）。在战争中，人们会不可避免地遇到很多挑战和威胁。为了克服这一切困难，人们必须要有领导以及战争策略。政治家常常利用战争隐喻激励人民要积极行动起来完成政治目标，要勇于做出牺牲。中国的发展可比喻为战争，因而可利用对战争的理解推理国家的发展。战争至少需要以下几种成分：1）战争的敌人：发展过程中遇到的挑战。2）战争计划：国家的发展策略。3）士兵的士气：发展过程中人们的信心。4）战争的目的：取得国家的发展。

例 6 坚决破除思想观念束缚，坚决破除利益固化藩篱，坚决清除妨碍生产力发展和社会进步的体制机制障碍，不断推进国家治理体系和治理能力现代化。

例 7 坚决维护国家统一和社会和谐稳定，坚决反对任何破坏统一和团结的分裂活动。

例 8 同世界各国一道共同应对全球性安全挑战，为维护世界和平作出更大贡献。

战争，首要的问题是要知道敌人是谁。“知彼知己，百战不殆。”将国家的发展比喻为战争。例 6 是人们一些不正确的思想观念以及国家体制机制政策上的一些障碍，例 7 是分裂破坏国家统一的行为，这些都是国家内部的问题。例 8 是和世界其他国家共同要面对的敌人，就是安全问题。在旅行隐喻中，也谈到了思想上的难题，说明了解决该问题的重要性和紧迫性。

例 9 深入学习党的十八大以来党中央治国理政新理念新思想新战略，让真理武装我们的头脑，让真理指引我们的理想，让真理坚定我们的信仰。

战略在战争中起着很重要的作用，关乎成败。在这里，指明了战争策略，即中国特色社会主义理论体系。

例 10 我们要凝聚起全体人民智慧和力量，激发出全社会创造活力和发展动力，让全体中华儿女万众一心、团结奋斗迸发出来的磅礴力量成为实现中华民族伟大复兴的强大动力。

战争，要有领导者也要有士兵的利益。在社会主义建设的过程中，党和政府高度重视人民，将人民放在至高无上的地位，社会主义建设的目的在于造福人民群众，以此调动人民群众艰苦奋斗的信心和力量。

4.2.3 建筑隐喻

建筑隐喻也是文本中主要的隐喻之一。Charteris-Black（2004）根据 Lakoff 和 Johnson 的《我们赖以生存的隐喻》总结出在文学中许多隐喻已经被识别，比如：Argument is a building，Theories are buildings，Society is a building，Creation is building 以及 Relations are buildings。现今的中国，最主要的任务是进行社会主义现代化建设。文本将国家的发展比喻为建筑。"任何有价值的活动都是建造。" 始源域到目标域的映射如下：1）建造师：中国共产党。2）建筑工人：中国人民。3）建造的进展：取得的成就。4）建造的困难：新的挑战。

例 11 我们必须坚持以经济建设为中心，坚持以新发展理念引领经济发展新常态，破解发展难题，厚植发展优势，不断为坚持和发展中国特色社会主义奠定强大物质基础。

例 12 加强实战化军事训练，加快提升打赢信息化战争能力。……更好把国防和军队建设融入国家经济社会发展体系，……要加强国防动员和后备力量建社，巩固和发展军政军民团结。要加强国际军事安全合作……

例 13 要继续推进全面从严治党，牢牢把握加强党的执政能力建设和先进性建设这条主线，加强和规范新形势下党内政治生活，坚定不移推进党风廉政建设和反腐败斗争，不断增强党自我净化、自我完善、自我革新、自我提高能力，提高党的领导水平和执政水平、增强拒腐防变和抵御风险能力，确保党始终成为中国特色社会主义事业的坚强领导核心。

目前，中国最主要的任务是进行社会主义现代化建设。建筑隐喻的大量使用充分体现了这一点。例 11 说明只有地基牢固，房子才能稳固，不易倒塌。经济是政治和文化的基础，所以经济的发展要摆在重要位置。例 12 说明国家的稳定对于经济的发展起到很重要的作用。加强军队建设才能有利于国家的安定。例 13 将中国的发展比喻成建筑，中国共产党是各项建设的建造师，中国人民是建设者。建造的进展是已经取得的各项成就，面临的困难就是新的挑战，如提到的党风廉政建设和反腐败斗争等。

### 4.3 隐喻阐释

中国是一个历史悠久、文化绚烂的国家。首先，丰富多彩的文化和经历为隐喻的选择提供了素材。另外，隐喻的选择和语境有关。从人们较为熟悉的事件入手，有助于阐释主题和激发情感，引导大众取向。

这次大会是为了纪念红军长征胜利80周年。“长征”本意是长途旅行。改革开放以来，中国的经济有了很大的改善，但是目前中国仍然处在社会主义发展初级阶段，实现中华民族伟大复兴仍然有很长的路要走，仍然面临很多的困难。习近平总书记利用旅行隐喻，首先唤起人们对长征的前辈和先烈们的崇敬之情；另一方面，借长征历史事件，用新长征路代指社会主义发展，能够有效将人们团结起来，发扬艰苦奋斗的精神，在党的领导下，沿着中国特色社会主义道路继续奋斗。

战争隐喻暗示了政治家对某一特定社会事件本质与难度的评估，旨在激励人民为完成政治目标要积极参与并做出牺牲（胡家英、李海艳，2013）。中华人民共和国成立以前，中国人民饱受战争的摧残。习近平总书记在讲话中利用战争隐喻可以激发人们的情感，共同面对社会主义现代化建设的敌人。长征是很艰难的，但是红军团结一心艰苦奋斗，最后取得了胜利；利用战争隐喻可以激发人民群众投身社会主义现代化建设的情感。

建筑隐喻的选择和中国目前的发展状况紧密相关。中国现在的主要任务是进行社会主义现代化建设。社会主义现代化建设包括政治、经济、文化、生态和社会建设。这些方面要协调发展。利用建筑隐喻，习近平总书记强调要加强党的建设、“五位一体”和“四个全面”的建设。国家建设的前提是国家的安定，所以习近平总书记特别提到了军队的建设。这样，就把社会主义现代化建设各个方面的问题都概括到了。

## 5. 结论

本文采用批评隐喻分析方法，对习近平总书记在纪念红军长征胜利80周年上的讲话进行了分析。研究发现习近平总书记在讲话中主要运用了旅行隐喻、战争隐喻以及建筑隐喻等。隐喻具有以下强大功能：1）信息功能。三种主要隐喻说明社会主义现代化建设是中国目前的主要任务，任重而道远。虽已取得很大进展，但仍面临很多困难。发扬长征精神，团结一心艰苦奋斗，就一定能迎来社会主义建设的曙光。2）情感功能。以人们熟悉的事物唤起人们的情感，这些隐喻可以唤起新时期的人们为社会主义现代化建设奋斗的激情，激发人们团结一心、努力拼搏的斗志。3）引导大众价值取向，意识形态的劝导作用。借助隐喻，领导人将他们的观念传导给听众，鼓舞其投身社会主义现代化建设。

**参考文献：**

Lakoff, G. & Johnson, M. 1980. *Metaphors We Live By*. Chicago: University of Chicago Press.

Charteris-Black, J. 2004. *Corpus Approaches to Critical Metaphor Analysis*. Basingstoke & New York: Palgrave Macmillan Press.

Fairclough, N. 1989. *Language and Power*. London and New York: Longman.

Fairclough, N. 2001. The Discourse of New Labour: Critical Discourse Analysis. In Wetherell, M., Taylor, S. & Yate, S. (eds.). 2001. *Discourse as Data*. London: Sage in association with The Open University.

Lakoff, G. 1993. The Contemporary Theory of Metaphor. In A. Ortony (ed.). *Metaphor and Thought*. Cambridge: Cambridge University Press.

Lakoff, G. & Turner, M. 1989. *More Than Cool Reason: A Field Guide to Poetic Metaphor*. Chicago: University of Chicago Press.

Wodak, R. 2001. The Discourse-Historical Approach. In Wodak, R. & Meyer, M. (eds.). *Methods of Critical Discourse Analysis*. London: Sage.

Van Dijk, T. A. 2001. Multidisciplinary CDA: A plea for diversity. In R. Wodak & M. Meyer (eds.). *Methods of Critical Discourse Analysis*. London: Sage.

陈文革，2006，隐喻在政治语篇中的作用，《南华大学学报（社会科学版）》，第 6 期，88-91 页。

胡家英、李海艳，2013，从批评隐喻分析视角浅析政治演讲中的概念隐喻——以奥巴马校园演讲为例，《东北农业大学学报（社会科学版）》，第 6 期，43-48 页。

纪玉华、陈燕，批评话语分析的新方法：批评隐喻分析，《厦门大学学报（哲学社会科学版）》，第 6 期，42-48 页。

贾玉娟，2015，战争隐喻广泛性之理据分析，《学术界》，第 12 期，148-153，327 页。

田海龙，2002，政治语言研究：评述与思考，《外语教学》，第 1 期，23-29 页。

田海龙，2009，《语篇研究：范畴、视角、方法》，上海：上海外语教育出版社。

田海龙，2016，批评话语分析精髓之再认识——从与批评话语分析相关的三个问题谈起，《外语与外语教学》，第 2 期，1-9 页。

吴丹苹、庞继贤，2011，政治语篇中隐喻的说服功能与话语策略——一项基于语料库的研究，《外语与外语教学》，第 4 期，38-42 页。

武建国、谢洪，2004，批评性话语分析的新成果——Fairclough《分析话语》评介，《现代外语》，第 4 期，432-435 页。

袁影，2004，论战争隐喻的普遍性及文化渊源，《外语研究》，第 4 期，36-39 页。

# A Critical Metaphor Analysis of Political Discourse—A Case Study of Xi Jinping's Speech on the 80th Anniversary of the Victory of the Long March

Cao Chunyan, Tianjin University of Commerce

**Abstract:** Critical metaphor analysis is a comprehensive method to integrate critical discourse analysis, corpus analysis, pragmatics and cognitive linguistics to reveal the hidden ideas, values and ideology. In political speeches, leaders often apply some discourse strategies to convey their ideas to the audience, so as to achieve the specific purpose of the speech. This paper takes Chairman Xi Jinping's speech on the 80th Anniversary of the Victory of the Long March as the data, adopting critical discourse analysis as the theoretical framework with critical metaphor analysis of Charteris-Black as the method, to explore how the leaders interpret and construct the spirit of the Long March to untie the Chinese people to struggle for the great rejuvenation of China. It can be concluded that this speech mainly adopts journey metaphors, war metaphors and building metaphors, which can greatly stimulate and encourage Chinese people to struggle for the realization of socialist modernization.

**Key words:** political discourse, critical metaphor analysis, ideology

**作者简介：**

曹春燕，女，天津商业大学外国语学院硕士研究生。研究方向：批评话语分析。

论　文

《话语研究论丛》第六辑
2018年

# 文学里的空间叙述*

◎ 吴锡德　　淡江大学法文系

**摘　要**　传统上，文学强调联想及想象，或者文字表达的雅致。晚近，虽强调文学作为一项艺术表现的本质，也都逐渐偏向重视它的内容及用意。但无论它如何形成，也都必须有个引介或线索，甚至背景。单单“时间”是无法成就它的，也唯有借助“空间”的指引，才能引发回荡及共鸣，进而体验其深广意识，提升美感经验。质言之，“空间决定文本”。从写实主义、自然主义到现代主义，乃至后现代主义的文学里，空间一直都没有不在场：从客观描写、感知想象到时空交融，“空间”一直扮演极为关键的角色。准此，吾人谈论文学，无论是创作或赏析，应先认知到“空间”能给定必定更多。

**关键词**　文学；空间；通感；联觉；回荡；缠绕；叙述；意向性；感知现象学

## 1. 引言

“空间”的研究，特别是“空间经验”的探索，于20世纪后半叶在西方学界引起相当重视。首先，法国哲学家梅洛-庞蒂（M. Merleau-Ponty，1908-1961）从现象学里梳理出“身体”与“感知”的概念，及其对理解“存在”的作用，提出“感知现象学”（1954）的论述。接着，法国哲学家巴什拉（G. Bachelard，1884—1962）于1957年发表了《空间诗学》（*La poétique de l'espace*），以现象学的视角探讨人类通过“介物”的触发所出现的想象力驰骋的空间，并辩证存有一种不受时空限制的“深广意识”，一种仿如诗意般

* 通讯作者：吴锡德
联系地址：台湾淡江大学法文系
电子邮件：067215@mail.tku.edu.tw

的想象空间。福柯（M. Foucault，1926—1984）除辩证空间与权力的关系外，更于 1967 年发表了一篇演说：《其他空间》（“Des espaces autres”）。此文不仅肯定“想象空间”具体可征，更将“想象空间”具体化，从而让人类的想象力更能清楚地驰骋。他还总结指出：“我们时代的焦虑与空间有着根本的关系。”（Foucault，1993）本论文旨在整理此一论述的脉络，探讨“空间”之于文学叙述的潜在影响，及其可能出现的关键作用。

## 2. 空间作为一种感知对象

事实上，古希腊哲思的认知颇重视空间的作用，并将它区分为“处所”（*Topos*）、“容器”（*Chora*）、“虚空”（*Kenon*）及“间隙”（*Diastema*）（如图 1）。不过，古希腊哲士的空间研究偏重在“空间概念”。柏拉图在《蒂迈欧篇》（*Timaeus*）里对“容器”做了整理并详加诠释，将它比作“接收器”（一说“子宫”，也就是孕育生命的场所）、处所及温床（吴国盛，1994）。由于这个界定过于通泛，它似乎也涵盖了“虚空”及“间隙”。他的弟子亚里士多德则偏重“处所”的探讨。他在《物理学》（*Physics*）里说：“当我们将处所看作一个不受内容物的变化影响的连续体时，处所似乎是质料。”（吴国盛，1994）这样的概念似乎比较具体，但它也包含了“间隙”之意。质言之，柏拉图的空间概念范畴较为宽广，亚里士多德较为具体。不过，两种界定都或多或少蕴含了“虚空”及“间隙”（见图 1）。也就是说，即便在古希腊哲士的辩证中，“空间概念”也包含了“空间经验”。

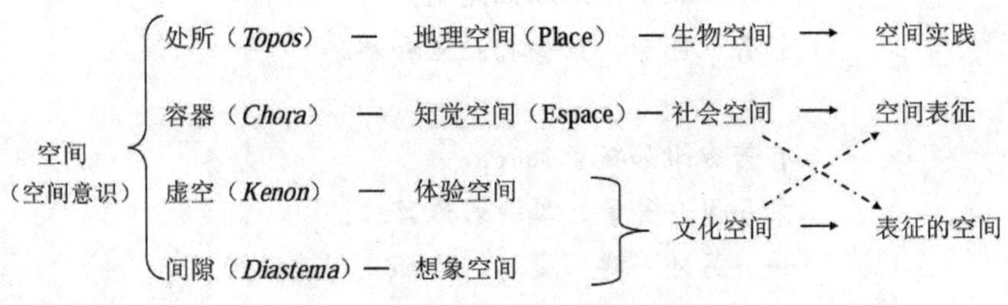


**图 1 “空间”的意涵及意识**

柏拉图说：

> 照我看来，我们必须首先做出下列区分：什么是永远实在而永无变化的东西，什么是永远变化而无实在的东西？为理性思维所理解的东西是永不变化的实在，而无理性的感觉的对象则是变动不居不实在的东西。（吴国盛，1994）

正是那些“无理性的感觉的对象”成了当今西方哲思的新天地。它也一直是人类不同文明、不同时期文艺创作的重要内容及表现。

在文艺美学上，柏拉图的“感应说”似乎就是从这个“无理性的感觉的对象”衍生出来的。根据他的辩证，“那些易感的、质材的实体，也只不过是观念的意识反映，也就是精神世界”。[①]柏拉图的这项论述，也就是后人称之为“联觉”（Synesthésis）的概念，深刻影响到 19 世纪的法国大诗人波德莱尔（Charles Baudelaire，1821—1867）。他那部旷世之作《恶之花》的基本美学，就凝聚在那首同名诗作《通感》（“Correspondance”，1857）：

通感

大自然是一座神殿，那儿有活的支柱，
不时发出含含糊糊的话语；
行人从那儿穿越象征之森林，
森林凝视以熟稔之眼神。

如悠长之回声于远处汇合，
溶入黝黑深邃的和谐中；
广漠如黑夜，浩瀚似光明，
芳香、色彩、声响相互应和着。

有芳香嫩如孩童肌肤，
柔和像双簧管、翠绿好似草原；
——另外一些，腐朽、浓郁、辉煌灿烂。

具无限之扩张，
宛如龙涎香、麝香、安息香、乳香，
欢呼精神与官能之狂喜。

诗中的“大自然”，既是“处所”，亦是“容器”，亦可能是“虚空”及“间隙”。波德莱尔指出，存在有两种“通感”（另译“应和”或“冥合”），一种是“垂直通感”，它是指环绕在我们周遭的实体皆有其象征，唯诗人能予以辨识，并洞见其至善理想中不可见及精神层次的一面。另一种称之为“水平通感”，指的是即便环绕在我们周遭的实体虽混乱无序，也存在一种本质的统一性，譬如，某种掺合的感受。如该诗作里提及的“芳香、色彩、声响相互应和着”[②]。

另外，亚里士多德在他的力作《诗学》里也阐述一项文艺美学，即“模仿说”（*mimèsis*）。直到20世纪前，此论述一直主导着西方文论。“模仿”一词源自戏剧表演里的“揣摩”，换言之，它是对外在现实世界的复制。晚近西方文论已开始对此论述提出质疑，盖艺术绝不只是对自然的模仿。法国学者孔帕尼翁（A. Compagnon）分析指出，亚里士多德的“模仿说”并非限于戏剧表演，也包含柏拉图所说的简单“叙事”，即转述或叙述。他说：“《诗学》强调的从来就不是模仿物或再现的对象，而是模仿者或再现者，亦即再现的技术，‘叙事’的结构。……‘模仿说’的宗旨不是为了说明文学与现实的关系，而是为了说明什么是合情合理的诗学虚构。……诗学实际上就是叙述学。”（孔帕尼翁，2011）孔帕尼翁特别引述《诗学》里的一段话作为佐证：“诗人的角色并不是说出那些实际上发生了的事，而是说出那些在情理上有可能或必然发生的事。”（孔帕尼翁，2011）质言之，人类的文艺创作源自对自然的观察、模仿，进而融入自身，再创（或“再现”）另一个新境。

中国南北朝时期的文论家刘勰在其著名的《文心雕龙》（成书于501—502）中开篇《原道》里就揭示：“夫玄黄色杂，方圆体分：日月迭璧，以垂丽天之象；山川焕绮，以铺理地之形。此盖道之文也。”又说：“为五行之秀，实天地之心；心生而言立，言立而文明，自然之道也。”（刘勰，1993）也就是说，为文的根本用意在于描绘并体悟“大自然”所给予的，也就是“文以载道，明其当然；文原于道，明其本然”（纪昀，1993）。这说明了文的根本是道，文也有明道的社会功能（刘勰，1993）。

在《物色》篇里，“物色”指的是自然界万物的形态，也提到了如柏拉图所言的“联觉”（即“心物交融”）：

> 是以诗人感物，联类不穷；流连万象之际，沉吟视听之区；写气图貌，既随物以宛转；属采附声，亦与心之徘徊。（刘勰，1993）

《物色》篇又说，诗人“情往似赠，兴来如答”。指的是，诗人以深情观察物色，并得以物色之助而有诗兴（刘勰，1993）。唐代大诗人杜甫（712—770）的《春望》应是最传神表达这种情景交融的例子：

春望

国破山河在，城春草木深。
感时花溅泪，恨别鸟惊心。
烽火连三月，家书抵万金。
白头搔更短，浑欲不胜簪。

在此，我们也可以引用波德莱尔一首“心物交融”的诗作《献给擦身而过的女子》（“À une passante”，1860）。背景是19世纪中叶的巴黎，拿破仑三世整治巴黎，历时17年（1853—1870），开路拆屋，又四处开肠挖肚兴建下水道，大肆摧毁旧巴黎。生活在期间的巴黎人应是何等的悲痛，整座城市无时无刻不像一大座永无完工之日的大工地，诚然仿如一个混乱、嘈杂、不堪忍受的生存空间。偶尔，诗人乍见一位天外美女擦身而过，那种澎湃心情以及万般无奈，感叹生命无常的心境：

献给擦身而过的女子

震耳欲聋的大街在我耳畔嘶喊。
一名女子，高挑、悲恸、哀伤逾恒
举起一只贵气十足的玉手
拎起、摆动饰满花边的裙裳。

轻盈且高贵，露出如雕刻的玉胫，
我，惊慑卷缩一如天外之物。
你那苍白眼眸酝酿着风暴，
我醉饮那销魂的温柔和致命的欢愉。

如电光一闪，黑夜就来——啊！瞬间的美人
你的秋波乍然令我重生，
难道此生已无缘再见？

在别处，在远方！说时迟，恐已诀别！
我不知你何往，你亦不晓我何去。

噢！我应已爱上了你；噢！这你当知晓！

同样，我们也可以从明末文人杨慎（1488—1559）那首脍炙人口的赋词《临江仙》[③]，看到一位博学广识但官场失意的才子，如何看破人间事的豁达心境：

临江仙

滚滚长江东逝水，
浪花淘尽英雄。
是非成败转头空。
青山依旧在，几度夕阳红。

白发渔樵江渚上，
惯看秋月春风。
一壶浊酒喜相逢。
古今多少事，都付笑谈中。

实则，这三首诗作皆属借景抒怀，心物交融，将诗人个人心境糅合外在空间，并发出微言大义，既言志，又抒情，文采洋溢，又扣人心弦，而引发共鸣[④]。

### 3. 空间作为一种审美诗学

20世纪中叶，法国哲学家梅洛-庞蒂受胡塞尔（E. Husserl，1859—1938）现象哲学的“本质直观”方法论的激发，加上心理学的研究路径，提出“感知现象学”的论述；探讨“身体”与“感知”在理解“存在”中的作用。他强调“知觉”是认识的起点。它既不排斥思考，同时强调感受，即“体验”（Erlebnis）[⑤]。胡塞尔曾指出：“体验，只要它们在经验上同自然客体有关，那么它们就是体验者的自我体验。”（胡塞尔，2016）

梅洛-庞蒂在其《感知现象学》（1954）里特别申论“空间”与“体验”的关系。他说：“空间不是物体得以排列的（实在或逻辑）环境，而是物体的位置得以成为可能的方式。”（梅洛-庞蒂，2001）他又特别强调空间体验：“体验一种结构，不是被动地把结构接受到自身，而是感受它，再现它，自觉地接受它，重新发现它的内在意义。”（梅洛-庞蒂，2001）在谈到对世界的认知，他更提高了“体验”的重要性：

> 我与我的绝对关系，存在与显现的同一性不可能被确定，只能在一切肯定中体验。因此，两者是同一种沉默和同一种空虚。荒谬的体验和绝对明证的体验相互蕴含，是难以分辨的。……理性主义和怀疑主义都依赖于虚伪地暗示的意识的实际生活，如果没有意识的实际生活。它们既不能被设想，也不能被体验。在意识的实际生活中，人们不能说一切东西都有一种意义或一切东西都没有意义，而只能说意义是有的。（梅洛-庞蒂，2001）

在此，梅洛-庞蒂已将“空间经验”提升到“空间意识”，如古希腊哲士所罗列的四个面向（见图 1）。

梅洛-庞蒂结合现代心理学及现象哲学，更清楚地诠释了古希腊的“通感说”及“模仿说”，强调了“联觉”的方法论及其过程。所谓的“联觉”，就是“由于身体各部位的协同作用，透过一种感觉引起其他类型感觉的现象中，我们可以看到各种感官感觉间的相互渗透、越界、交叉、翻译的关系”（鹫田清一，2001）。他在《知觉现象学》里也举例说道：

> 感官在向物体敞开时在它们之间建立了关系。……物体的形状并不是物体的几何轮廓：物体的形状与物体本身的性质有某种关系，它在向视觉说出真相的同时，也向我们的所有感官说出真相。亚麻或棉花组织中的皱褶形状使我们得知纤维的柔软或硬实、质地的粗糙或细腻。最后，可见物体的运动不是对应于视觉场中物体的颜色体的单纯移位。从鸟儿飞离引起树枝摇动中，我们得知树枝柔韧或弹性，我们也能以这种方式区分出苹果树的树枝和桦树的树枝……（梅洛-庞蒂，2001）

梅洛-庞蒂更利用探索“身体”如何与外在世界的互动而达成体验及认知的可能。他在《可见的与不可见的》（1959 年成书，1964 年出版）一书里阐述“看者”与“可见者”彼此翻转交织的模式：“一切视觉在触觉空间的某处有其地点一样，在可触的中有可见的重复和交错，在可见的中则有可触的重复和交错。”（梅洛-庞蒂，2008）又说：“看者与事物之间的肉身的厚度是由事物的可见性构成的，就像它是由看者的肉体性构成的那样；这不是事物与看者之间的障碍，而是它们之间的交流手段。”（梅洛-庞蒂，2008）事实上，这是梅洛-庞蒂很核心的美学观，就是“缠绕”（Entrelacs）。身体的易感性与观看空间的彼此交融、穿越，形成“你泥中有我，我泥中有你”的超越境界。这个说法与北宋画家郭熙的《山水训》的“三远说”所引申“心理距离”的美感有几分神似：

山有三远。自山下而仰山巅，谓之高远；自山前而窥山后，谓之深远。自近山而望远山，谓之平远。高远之色清明，深远之色重晦，平远之色有明有晦。高远之势突兀，深远之意重叠，平远之意冲融而缥缥缈缈。其人物之在三远也，高远者明了，深远者细碎，平远者冲澹。明了者不短，细碎者不长，冲澹者不太。此三远也。（郑金川，1993）

梅洛-庞蒂在生前出版的最后一本书《眼与心》中（1961）也提到，正是这种意向性的交流模式才构成审美经验：

我的身体既是能见者（voyant）又是可见者（visible）。身体凝视万事万物的同时，也能凝视自己，并在它所见之中，认出能见能力的“另一面”。它看见自己正在看；摸到自己正在摸；它对自己可见、可感觉。这一种自我，并不像思维那样穿透性的自我，不管思考什么，思维都只能借着同化它、形构它、转化它为思想，才能思考它。（梅洛-庞蒂，2007）

1955年，法国著名文评家布朗肖（M. Blanchot，1907—2003）出版了《文学空间》一书，探讨文本的“操作空间”，尤其是文学语言所能引发的作用。他也是采用现象哲学的研究方法探讨话语的游移性。他呼应了波德莱尔的看法：只有诗人能洞悉外在空间。他说：“在文学空间这个点上，语言是不理解的。诗歌功能的风险便由此而来。诗人正是领会一种不理解的语言的人。”（布朗肖，2003）接着，他分析了文学文本的游离性：

一部作品的告成，并不是在作品完成之时，而是当从内部对作品加工的人也同样能从外部结束作品，当他不再在内心被作品所约束，而是在作品中被他觉得自己摆脱了的自身的一部分所约束，而作品也为他摆脱这部分出过力。这理想的结局却从未得到过验证。许多作品之所以感动我们，是因为在作品中尚能看到过于匆匆地离去的作者的痕迹，作者急于完成作品，担心若他完成不了就无法重见天日。（布朗肖，2003）

这项洞悉文艺创作过程的创见，深刻影响到20世纪以来的文艺批评论述。1959年，他出版了《未来之书》又再强调：诗性语言，语言的源头与“结果”，从来都不似事物；而是一直“在合成，扩大空间”（布朗肖，2015）。

1957年，另一位现象学哲学家巴什拉出版了《空间诗学》，他从个人（诗人）与空间的“互动”去体验个中的诗意。他的好友福柯深受影响，在1967年发表的一篇论文《其他空间》中特别引用这本书里的一段话：

> 我们并非生活在一个均质的空洞的空间，相反的，我们的空间深深浸润着各种特质和奇思异想，它或者是亮丽的、轻盈的、明晰的，或者仍然是晦暗的、粗糙的、烦恼的，或者高高在上，或者深深塌陷，或者如涌泉般流动不居，或者如石头，或水晶般固定凝结。[⑥]

巴什拉从个人与想象空间互动中强调一种“浩瀚感”（Immensité），他解释这种“见微知著”的意识：

> 浩瀚感就在我们自身体内。它与一种存有的扩张状态紧密关联，这种状态被生活所钳制，被谨小慎微所局限，但是当我们孤独一人时，它又再度复苏。一旦我们静止不动，我们就身在他方，并且在一个浩瀚无垠的世界里做着好梦。浩瀚感是静止不动之人的运动。浩瀚感是静谧白日梦所具有的动态特质之一。（巴什拉，2003）

台湾学者余德慧诠释道：“根据巴什拉的理论，如果我们真正进入‘内在性’，完全放弃‘事相’的外在性，回归到身体的各种界面（感觉、知觉、动觉），而且在诸界面的护持下，我们自然地做梦，梦空间迅速扩张，如空气氤氲，不再为现实所限，广袤意识于焉出现了。”（余德慧，2003）这样的诗意空间即所谓的“想象空间”及“体验空间”（如图1）。

巴什拉也将这样的空间意识应用到文学美学的范畴，提出所谓的“回荡”（Retentissement）。这个观念来自波兰裔法国精神分析学家闵可夫斯基（E. Minkowski，1885—1972），这位同样专攻现象哲学的学者于1936年出版了《迈向宇宙论》，提出浓缩时间与空间的听觉隐喻“回荡说”：“生命的本质不是一种存有、存在的感受，而是一种参与一道长流而前进的感受。回荡之中同时浓缩了时间与空间。”（巴什拉，2003）巴什拉指出：“回荡经常处于因果论域的反面，我们要从中寻找诗意象的真正存在尺度。当此回荡之中，诗意象会成为存有的响声。诗人透过存有的入口，去体验意象的回荡。”（巴什拉，2003）他又强调说：“当诗人讲话的时候，读者的灵魂产生震动回荡，……那种回荡带来了存有的活水源头。”（巴什拉，2003）

巴什拉在“共鸣”（Résonances）与“通感”之前放进了“回荡”，事实上就是把“空间”“空间想象”“意象”都考虑进去了，而且认定“空间”才是诗意的发动者。他说：

"正是共鸣和回荡必须被敏锐感受其现象学上的同源异形之处。共鸣散布在吾人世间生活的各个不同层面，回荡则召唤我们给自己的存在以更大的深度。"（巴什拉，2003）也就是说"回荡先于共鸣，意象先于思维"，"回荡是意象的驰骋，共鸣是知性的联想"。台湾学者龚卓军指出："当我们在阅读中遭遇到一个清新的意象，受其感染，禁不住发起白日梦想，依恃它另眼看待现实生活，这种没来由的激动与另一类眼光的萌生，这种不能以因果关系解释的阅读心理现象。"（龚卓军，2003）亦即，吾人阅读、理解、自我体验生存里都有回荡。

## 4. 文学里的空间书写

文学创作过程中，作者（诗人）和叙述（书写技巧）是关键的主体，然后才产出文本。但这个主体却受制于诸多客体，当中最具主导的便是环境，亦即"空间"，包括处所环境的激发、个人的感悟（触景生情），等等。同样地，社会大环境的氛围，或者文风、品味、流行，等等，亦会介入并影响到诗人的创作。他者（读者或文艺圈）的期待，或者"压力"，亦是重要影响因素（如图 2）：

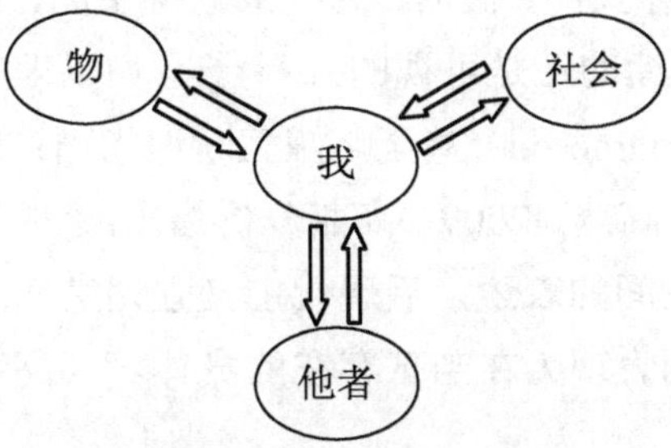


**图 2　空间与个人的互动关系**

实则，作者在书写的过程中，也仿如一趟冒险之旅。通常他（她）会放任自己随着空间的支配去想象，去漫游，然后留下记述。这种叙述有时并没有起点，有时也没有终点，就像布朗肖所描述：

> 叙事这一运动变化的过程，朝向某个未知，无人知晓又陌生的点，但叙事开始前或叙事之外，这个地方不会有任何真实可言，所以显得相当专横，但恰恰因此，叙事得以成魅，到不了叙事甚至难以"开始"，但反过来，叙事和叙事这一无法预料的过程，提供了一个空间，让这一点成真，强大而魅力无穷。（布朗肖，2015）

这段话似乎已阐明了“空间”能给予文本叙述的自为性。布朗肖称这个过程乃是“叙事的秘密法则”。他强调“叙事并非对某一事件的记述，而恰为事件本身，是在接近这个事件，是一个地点——凭着吸引力召唤着尚在途中的事件发生，有了这样的吸引力，叙事本身才有望实现”（布朗肖，2015）。

当然，语言文字的作用也极具关键，就像巴特（R. Barthes，1915—1980）指出的语言文字的自足性，亦即，作品自身会诉说一切：

> 叙述的功能不在于“再现”，而在于建构一个让我们感到神秘莫测的戏剧场景，这场景不应该带有模仿性质。……叙事中“所发生的”，就指涉（真实）而言，严格地讲，纯属子虚乌有。“发生了的”唯有语言，语言的奇遇，语言的光临，次次皆引发一阵狂喜。（孔帕尼翁，2011）

这段话似乎也说明了，即便语言有其自足性，却非有“空间”作为引介不可。

法国哲学家列斐伏尔（H. Lefebvre，1901—1991）出版了一本重要的专著《空间的生产》（*La Production de l'espace*，1974），特别强调空间的社会意涵，包括权力、资本、象征等及其延伸的作用。他提道：“低估、忽视或贬抑空间，就等于高估文本、书写文字和书写系统（无论它们是可读的还是可视的），赋予它们以理解的垄断权。”（高燕，2009）美国当代文评家詹姆逊（F. Jameson）甚至略嫌武断地指出：“后现代主义是关于空间的，现代主义是关于时间的。”（高燕，2009）高燕分析指出：“现代主义将空间看作是时间的作用，用时间思维代替对空间的表述，后现代主义强调空间的自为存在，空间对时间的主宰以及后现代主义的时间表现为在当下存在的身体。”（高燕，2009）

> 在此，詹姆逊和高燕皆点出了“空间的转向”。亦即，从20世纪50年代“新小说”兴起，以及往后如火如荼如雨后春笋般涌现的小说文本，即所谓的“新新小说”，或“后现代主义”小说里，“空间”早已与“时间”平起平坐，有的甚至凌驾“时间”，成为一种当代社会的新美学。

不过，即便作家对“时间”有特别的眷顾，或者仍自囿于时间的书写，但“空间”一直都存在他（她）们所创作的文本里，只因时代美感经验和叙述手法殊异而已。以巴尔扎克为例，巴尔扎克这位自诩要当“法国19世纪的风俗史家”、社会写实主义文学的大师，他对19世纪资本主义横行的批判，也可以在20世纪找到理论注解。吾人可从列伏斐尔在《空间的生产》一书里所提出的“社会空间”的概念加以印证。“空间是意识的容器”，空间就是意识，也是意识形态。简言之，巴尔扎克透过“写景”已经先完成了他的社会批判。比如《高老头》的文本对空间的描述的主观批判，读者轻易就能体验巴尔扎克的用意，并感同身受：

> 肮脏，颓败和粗俗笼罩着伏盖公寓。在这里面，一切是古旧，龟裂，腐烂，虫蛀，残缺，老弱无能，奄奄一息……。总之，这儿是一派毫无诗意的贫穷，那种锱铢必较的，浓缩的，百孔千疮的贫穷。(《高老头》，傅雷译)

> 公寓的屋子是伏盖太太的产业，坐落在圣·日内维新街下段，正当地面从一个斜坡向弩箭街低下去的地方。坡度陡峭，马匹很少上下，因此挤在华·特·葛拉斯军医院和先贤祠之间的那些小街道格外清静。两座大建筑物罩下一片黄黄的色调，改变了周围的气息；穹窿阴沉严肃，使一切都暗淡无光。
>
> 街面上石板干燥，阳沟内没有污泥，没有水，沿着墙根生满了草。一到这个地方，连最没心事的人也会像所有的过路人一样无端端的不快活。一辆车子的声音在此简直是件大事；屋子死沉沉的，墙垣全带几分牢狱气息。(《高老头》，傅雷译)

继巴尔扎克之后，被奉为法国 20 世纪最具代表的作家，也是“现代主义小说”的主要代表人物普鲁斯特（M. Proust，1871—1922)，更是写“空间”的高手。在他那本旷世名著《追忆逝水年华》里，看似在处理“记忆”的问题，也就是处理“时间”的经典著作里，已处处有着对空间的着墨，甚至还起了极为关键的影响。从斗室里的回忆、空间给予他的联结及联想，到居家摆设的特殊意涵，到各式的聚会、音乐会里所触发的互动、写景、人物情绪的变化，等等。不消说，还有发生在他多愁善感体质的一切内外在变化及作用。以他最为人称道的叙述“小玛德兰蛋糕”（les petites madeleines）为例：

> 虽然我当时并不知道——得等到以后才发现的——为什么这件往事竟使我这么高兴；也就是我一旦品尝出那点心的滋味，同我姨妈给我吃过的点心是一样的滋味后；她住过的那幢面临大街的灰色楼房便像舞台布景一样呈现在我的眼前，它与另一栋面对花园的小楼贴在一起，那小楼是专为我的父母而盖的，就位在灰楼的后侧（在这之前，我印象所及的就只有被光片所隔开的部分——即父母居住的这栋小楼)；随着灰楼涌现而来的是城里的景象，从早到晚每时每刻的情状；午饭前他们让我去玩耍的那个广场、我奔走过的街巷，以及晴天时我们散步经过的地方。就像日本人爱玩的那种游戏一样；他们抓起一把先前没有明显区别的碎纸片，扔进一只

盛满清水的大碗里，碎纸片和水之后便伸展开来，出现不同的轮廓，泛起不同的颜色，千姿百态，变成花朵，变成楼阁，变成人物，而且人物都五官可辨，须眉毕现；同样，此刻我们家花园里的各色鲜花，还有斯万先生家花园里的姹紫嫣红，还有维福纳河塘里漂浮的睡莲，还有善良的村民和他们的小屋，还有教堂，还有贡布雷的一切，和市镇周围的景物，全都显出形迹，逼真且实在，整座城镇和各处的花园一一都从我的茶杯中浮现出来。（《在斯万家那边》）

比利时著名文评家普莱（G. Poulet）分析指出："普鲁斯特的小说将其出发点放在一个尽可能狭小的地点上；然而这么做是为了将地点转变成一个相当宽敞的地点，以便容下一个城，一座教堂，众多花园，相邻的乡间，也就是说一个宽广的空间。然而这个空间就像是最大的放在最小的里面那样，被容纳在最为狭小的初始空间里。"（普莱，2015）又说："多亏有了记忆，时间因此而没有消失，而如果时间没有丢失，空间也就没有丢失。在找回时间的旁边，就有找回的空间。或者说得更确切些，有一个最终找到的空间，由于回忆发起的运动，有一个自行寻找和自行发现的空间。"（普莱，2015）

普莱在探讨普鲁斯特小说里的空间的专著中，就其特殊的叙事手法做了深入的剖析："在普鲁斯特笔下，要描写一个地点，在前景中总会显示出这个或那个形象，同样在他笔下永远如此，在一个形象出现时，他总会找到一个现成的背景，以便将形象穿插进去，承载这个形象。同样不变的是，正是在一个作者精心圈定的风景中，普鲁斯特的人物才首次出现。"（普莱，2015）为此，吾人可以确信，普鲁斯特的这部旷世作品之所以如此生动活脱，引人入胜，因为他特别擅于处理空间，既倚重它，又不着痕迹地突显它。普莱还大胆地论定："普鲁斯特摧毁了时间，使之变形，而找回一种美学的空间。"（普莱，2015）

20 世纪法国另一位重要作家加缪（A. Camus，1913—1960）则呈现另一种风格，即"极简主义"（或"零度写作"）（Wu Hsi-Deh，2009）。这位被"新小说派"尊奉为模范写作的代表人物，在他的成名作《局外人》（*L'Étranger*，1941，一译《异乡人》）里展现了时空交融的手法，换言之，打破叙述空间的限制。他写道：

我学会了回忆的那个时刻起，我就一点儿也不感到烦闷了。……于是我明白了，一个人哪怕只生活过一天，也可以毫无困难地在监狱里过上一百年。（《局外人》，郭宏安译）

主人翁虽然身陷牢房，但加缪却将这个斗室给传奇化了：

> 这样，睡觉、回忆、读我的新闻，昼夜交替，时间也就过去了。我在书里读过，说在监狱里，人最后就失去了时间的概念。但是，对我来说，这并没有多大意义。我始终不理解，到什么程度人会感到日子是既长又短的。日子过起来长，这是没有疑问的，但居然长到一天接一天。(《局外人》，郭宏安译)

主人翁在出庭聆听判决极刑后，写出那种跳脱时空的叙述：

> 审讯结束。走出法院登上车子的时候，一刹那间，我又闻到了夏日傍晚的气息，看到了夏日傍晚的色彩。在这走动着的，昏暗的囚车里，我仿佛从疲惫的深渊里听到了这座我所热爱的城市，某个我有时感到满意的时刻的种种熟悉的声音。在已经轻松的空气中飘散着卖报人的吆喝声，滞留在街头公园里的鸟雀的叫声，卖夹心面包的小贩的喊叫声，电车在城里高处转弯时的呻吟声，港口上方黑夜降临前空中的嘈杂声，这一切又在我心中划出了一条我在入狱前非常熟悉，在城市随意乱跑的路线。(《局外人》，郭宏安译)

加缪可说是刻意地将“空间”大量书写进他的作品里，并且还予以无限拓衍。这个“空间”恒早就已存在，对它的描述也不乏其人。只是加缪的特色在于，将现代生活中早已碎片化的空间加以组合，又很高超地加以黏合。透过现代人对“时间”的新感知，添加了对“空间”的新认知及感受，并且利用“极简叙述”手法，将这些“构思空间”串联在一起，使书写更具意象化，更具临场感，更具张力，也更见荒谬，更为现代感，或者后现代感（吴锡德，2012）。

## 5. 结语

20世纪50年代，通过梅洛-庞蒂、布朗肖、巴什拉及福柯等法国思想家，借用德国哲学大师胡塞尔所倡导的“现象哲学”方法论，针对文艺美学做了深刻的思辨及探索，开阔了新的视野并提出许多创见，从而引发了当今文艺评论与文学理论的重大“转向”，即扩大看重“空间”在叙述及表现上的潜在影响及关键作用。也正是通过这几位现象学者的论述，还有稍晚提出“空间的生产”加入的列斐伏尔，使空间的论述从哲学、文学走进社会科学的各个领域。同时，随着当代社会的全球化、网络化、视觉化、虚拟化及多元文化主义的体现，让“空间转向”的研究一举跃为显学。

从文艺创作的视角而论，“发现空间”不仅可以让吾人重新审度历史上推陈出新、逐年更替的诸多文艺理论（如感应说、心物交融论，等等）以及明显偏重“时间”发展的线式垂直书写，从今以后，我们也可以大方地导入“回荡”及“不可见”的视野与言说。同时，这股研究风气也能激励吾人在新的未来世界，思忖我们的存在，并将“空间”视为一个有机介物，配合时代美学及科技平台，开发出新的表现方式及创作能量。

从文艺赏析的角度而言，“发现空间”除了让吾人可以从新的视角，重新阅读或欣赏历史上成千上万的诸多正典，从而发现新意，也可以通过各种方法论的“空间”论述与研究，检视并感悟古往今来的文艺创作，从而扩大“体验”文本的视野及内涵，提高美学欣赏的层次，而臻于升华的喜悦。

**注释：**

① 参见：http://carlosguerreiro.free.fr/wiki/files/Espace1ereS1_spleen-ideal-corr_20090430165401_20090430165415.pdf

② 同上。

③ 杨慎博学广识，《明史》本传称其著述丰富，为明代第一。他的长篇弹唱叙述历史的作品《二十一史弹词》，叙述三代至元及明末历史，文笔流畅，广为传诵。罗贯中《三国演义》开卷前面的一首小词，就是杨慎作的这首《临江仙》。参见：http://www.weide.org.tw/magtxt3/42-mag-002/79-2010-12-02-06-12-35.html

④ 清初文人毛宗岗（1632—1709）将这首小词放进罗贯中（1330—1400）所著《三国演义》的书前，当开场楔子。它精准地勾勒出这部脍炙人口的小说的精神，洋洋洒洒数十万言的章回小说，都浓缩在这首小词中。参见：http://www.weide.org.tw/magtxt3/42-mag-002/79-2010-12-02-06-12-35.html

⑤ 倪梁康译注：“体验（Erlebnis）在胡塞尔现象学中是一个重要概念。它的范围更广，指某种心理的东西（但不等于心理学的体验），内在的东西，所有的内在生活，它基本上相当于胡塞尔所说的现象。意识是由许许多多的体验所组成。……它们不能从外部去研究，而只能从内心去探讨。体验的特征是带有意向性。任何体验都或多或少带有意向性，不带意向性的体验是一种抽象，现实中几乎是不存在的。” 胡塞尔（E. Husserl），《现象学的观念》，倪梁康译，北京：商务印书馆，2016，第 x 页。

⑥ 参见：法文文章原文：http://desteceres.com/heterotopias.pdf (1967)

**参考文献：**

Barthes, R.1985. *Éléments de sémiologie* (1964)，p. 206. 引自孔帕尼翁（A. Compagnon），2011，《理论的幽灵》，吴泓缈、汪捷宇译，南京：南京大学出版社，第 94 页。

Foucault, M.，王志宏译，《不同空间的正文与上下文（脉络）》，收录夏铸九、王志宏编译，1993，《空间的文化形式与社会理论读本》，台北：明文书局，第 400 页。法文文章原文：http://desteceres.com/heterotopias.pdf (1967）

Lefebvre, H. 1991. *The Production of Space*, p. 62. 引自高燕，2009，《视觉隐喻与空间转向》，上海：复旦大学出版社，第 153 页。

Wu Hsi-Deh. 2009. *La Modernité chez Albert Camus*. Taipei: Vedas.

巴什拉（G. Bachelard），2003，《空间诗学》，龚卓军、王静慧译，台北：张老师文化，第 36、41、76、60、280 页。

布朗肖（M. Blanchot），2015，《未来之书》，赵苓岑译，南京：南京大学出版社，第 8、322 页。

布朗肖（M. Blanchot），2003，《文学空间》，顾嘉琛译，北京：商务印书馆，第 33、37 页。

高燕，2009，《视觉隐喻与空间转向》，上海：复旦大学出版社，第 161、162 页。

龚卓军，2003，《空间原型的阅读现象学·序》，巴什拉（G. Bachelard），《空间诗学》，龚卓军、王静慧译，台北：张老师文化，第 23 页。

胡塞尔（E. Husserl），2016，《现象学的观念》，倪梁康译，北京：商务印书馆，第 x-xi 页。

纪昀眉批，1993，刘勰，《文心雕龙解说》（祖保泉解说），合肥：安徽教育出版社，注 1，第 1 页。

鹫田清一，2001，《梅洛-庞蒂：认识论的割断》，刘绩生译，石家庄：河北教育出版社，第 97 页。

孔帕尼翁（A. Compagnon），2011，《理论的幽灵》，吴泓缈、汪捷宇译，南京：南京大学出版社，第 96-97，98 页。

刘勰，1993，《文心雕龙解说》（祖保泉解说），合肥：安徽教育出版社，第 1、2、907、912 页。

梅洛-庞蒂（M. Merleau-Ponty），2008，《可见的与不可见的》，罗国祥译，北京：商务印书馆，第 166、167 页。

梅洛-庞蒂（M. Merleau-Ponty），2007，《眼与心》，龚卓军译，台北：典藏，第 81 页。

梅洛-庞蒂（M. Merleau-Ponty），2001，《知觉现象学》，姜志辉译，北京：商务印书馆，第 281、293-294、329、375 页。

普莱（G. Poulet），2015，《普鲁斯特的空间》，张新木译，上海：华东师范大学出版社，第 1-2、21、58、67 页。

吴国盛，1994，《希腊空间概念的发展》，成都：四川教育出版社，第34、37、45页。
吴锡德，2012，《卡缪作品中的空间书写》，《世界文学》（台湾），第6期，第31-49页。
余德慧，2003，《诗意空间与深广意识·序》，巴什拉（G. Bachelard），《空间诗学》，龚卓军、王静慧译，台北：张老师文化，第9页。
郑金川，1993，《梅洛-庞蒂的美学》，台北：远流出版事业股份有限公司，第43页。

**Space Narrative in Literature**

Wu Hsi-Deh, Tamkang University

**Abstract:** Traditionally, literature emphasizes association and imagination, or the elegance of verbal expression. Recently, although emphasizing the essence of literature as artistic expression, it has gradually tended to stress its content and intention. But regardless of how it is described, it must have an introduction or clue or even a setting. With only "time" it is incapable of achieving anything; only with the help of "space" to point the way can it trigger off reverberation and resonance and thus proceed to go through to its deeper consciousness and promote aesthetic experience. In other words, "space determines text." From the standpoint of literature as realism, naturalism to modernism, and even postmodernism, space has always been present—in objective description, perception of imagination, and the blending of space-time. "Space" has always played a key role. Given this, when we discuss literature, whether creativity or appreciation, we should first recognize that "space" is definitely able to give more.

**Key words:** literature, space, correspondence, synesthesia, repercussion, interlacing, discourse, intentionality, perception of phenomenology

**作者简介：**

吴锡德，男，淡江大学法文系教授，法国巴黎第七大学博士。研究方向：法国文学与翻译研究。

论 文



# 2017 年国内批评话语分析研究述评*①

◎ 穆军芳 河北大学外国语学院

**摘 要** 2017 年批评话语分析（critical discourse analysis，简称 CDA）继续在国内呈现出生机勃勃的发展态势。为方便读者更全面地了解这一年国内批评话语分析的研究特点和前沿动态，本文从研究方法、分析方法、跨学科研究、研究对象和研究成果五个方面对 2017 年国内批评话语分析的研究特征进行梳理和评述。

**关键词** 批评话语分析；2017；中国；研究特点；前沿动态

## 1. 引言

2017 年批评话语分析（critical discourse analysis，简称 CDA）继续在国内呈现出生机勃勃的发展态势。为方便读者更全面地了解这一年国内批评话语分析的研究特点和前沿动态，本文在武建国、陈聪颖（2016）对 2015 年批评话语分析国内外研究评述和赵芃（2017a）对 2016 年批评话语分析国内研究综述的基础上，从研究方法、分析方法、跨学科研究、研究对象和研究成果五个方面对 2017 年国内批评话语分析的研究特征进行梳理和评述。

---

*通讯作者：穆军芳
联系地址：河北省保定市（071002）五四东路 180 号河北大学本部南院
电子邮件：mujunfang@mail.bnu.edu.cn
基金项目：河北省社科基金项目“批评话语分析视阈下环境新闻报道的话语蒙蔽研究”（项目编号：HB18YY005）

## 2. 2017 年国内批评话语分析的研究特征

### 2.1 多维度研究路径深化批评话语分析的前沿研究

批评话语分析不是话语研究的一种方法，而是一组不同的方法，其中每一种方法都是独特的，同时也是相互关联的（Wodak & Meyer，2016）。通过对 2017 年国内批评话语分析的文献进行梳理，我们发现，国内学者主要用到的批评话语分析研究路径既包括传统的费尔克劳的辩证—关系法、范代克的社会—认知法、沃达克的话语—历史法，还包括后来兴起的话语空间法、批评认知法、积极话语分析法等。

批评话语分析的一些传统研究路径仍然受到国内学者的青睐，这些研究深化了传统研究路径的理论和应用研究。费尔克劳的辩证—关系法最早出现于《语言与权力》（第一版）中，该书把社会条件分为三个层次：社会背景（或者话语发生的直接社会环境）、社会机构（即组成更宽泛的话语矩阵）和社会整体，并提出话语是一个包含语篇、话语实践和社会实践的话语事件（a discourse event），这就构成了批评话语分析的三维路径（Fairclough，1992：73）。田海龙（2017a）参照三维路径，结合具体的案例，对翻译作为社会实践的具体过程进行探讨，解析译本的生产、分配和消费的全过程，在理论和方法论上为翻译研究提供了全新的研究路径。邱海颖（2017）以德国现任总理默克尔发表的与德国统一相关的演讲词为语料，借鉴费尔克劳的三维路径，从词汇层面、语法层面和语篇层面的文本分析到话语实践，从话语实践上升到社会实践，对德国国家身份构建进行解释和阐释。社会—认知法是社会建构主义的更一般理论或哲学的特殊应用，该方法认为社会和政治"现实"是社会成员的建构（Burr，2003；Parker，1998）。鉴于社会—认知法在话语分析中的抽象性和复杂性，辛斌、刘辰（2017）系统地探讨了范代克的社会—认知法的话语观源头、核心概念及话语分析模式，推进了该研究方法在国内的发展。话语—历史法源自沃达克和她在维也纳大学的研究小组对于奥地利社会问题的研究，重视相关的历史和背景知识、论辩和一些经典的修辞范畴。赵芃（2017b）参照话语—历史法，对八篇《人民日报》"学雷锋"社论所使用的话语策略进行分析，并从互文性、使文本化和互语性对不同历史时期"学雷锋活动"话语实践间的联系进行探究，展示了"学雷锋活动"各时期的话语动因。

当今批评话语分析的一个重要部分就是依据时间和空间的认知及概念化揭示一种认知要素（Talmy，2000；Evans & Chilton，2010），而其中已建立的话语认知模式和批评话语分析相结合最为全面的理论是齐尔顿（Chilton，2004，2005）的话语空间理论。话语空间理论中的一个重要概念——趋近化（Proximization）②最早由单普提出，用于分析强制模式的“9 • 11”事件之后的美国反恐言论（Cap，2006，2008，2010），后来被发展成为系统的趋近化理论（Cap，2013）用于语篇分析。从 2017 年的文献发表来看，国内学者对这一概念从不同角度进行了相关研究。宋健楠（2017）以齐尔顿的趋近化批评话语分析作为理论基础，以意向性和趋近化语义的支配和表征关系作为切入点，以英美国家三篇反恐演说为例，探讨了如何从话语/语篇参与者的角度建立态度意向作为主导的趋近化语义建构模式，这一研究阐释了趋近化批评话语分析模式的认知—心理方案。潘冬（2017）以趋近化作为理论基础，从空间趋近化、时间趋近化和价值观趋近化，对两篇政治报道如何促成话语与相关政策或者措施的合法化进行分析。

认知语言学是面向费尔克劳所说的“解释阶段分析”，其中涉及“更多的心理学和认知问题”（Fairclough，1995：59）以及读者如何建构意义（Hart，2010）。鉴于此，国内学者从认知语言学的不同视角对批评话语分析进行考量。张辉、罗一丽（2017）运用认知语法的行为链，以《中美军事积分卡》为例，对战略情报话语的小句组织方式和情境植入进行批评认知分析，该研究是将认知语法与批评话语分析融合研究的开拓性尝试。徐中意（2017）分别以美国、英国和伊朗前总统的政治演讲稿作为语料，提出认知情态的认知—功能分析框架，阐释政治语篇中认知情态的话语功能，揭示这些语篇所暗含的权势关系及演讲者的意识形态和话语策略。郭彬彬（2017）对中国和意大利主流报纸的环境新闻报道进行了批评认知分析，对中意环境新闻语篇的认知机制进行探讨，提出中意环境新闻语篇的话语策略，通过中意环境新闻语篇认知机制与话语策略的互动关系解读，为环境新闻语篇的认知话语分析提供参照。此外，多模态与认知方法相结合主要关注电影、广告和动画等媒介中语言的隐喻，特别是视觉隐喻如何用于影响人们对于特殊现象的感知（Charteris-Black，2014）。多模态认知分析目前已用于批评话语分析，国内已有学者注意到这一转向并对此进行相关研究。潘艳艳、郑志恒（2017）通过对比中美征兵宣传片，对国防话语进行多模态批评话语分析。两位学者运用认知—功能分析法，以隐喻和转喻作为分析基础，从叙事模式、话语策略及意识形态差异三个方面对中美征兵宣传片进行了对比分析，为多模态与批评话语分析的接面研究提供方法论上的参照。以上文献从认知语言学的不同研究路径对批评话语分析的探究，具有很强的开拓性和前瞻性。

积极话语分析由马丁 1999 年在伯明翰举行的“批评话语分析核心团体”中提出，其灵感来自克莱斯（Kress，1996：15-16）对批评话语分析焦点的批评，并呼吁“从解构主义转向生产劳动”。由此可见，虽然积极话语分析与批评话语分析的焦点不同，但是也在一定程度上促进了话语和语篇的繁荣和发展。刘纯（2017）以批评话语分析和积极话语分析的共现关系作为理论基础，选取美国国情咨文中涉华部分作为分析语料，对冷战后美国对中国形象建构进行批评话语分析，从而证明美国对华策略及其特定的政治意图。

### 2.2 分析方法呈现出多元化发展趋势

从批评语言学到批评话语分析，系统功能语言学的理论原理和分析策略都得到广泛引用，这在2017年国内批评话语分析文献中也有突出表现。黄国文（2017）在探讨系统功能语言学与生态语言学之间的相互关系时，指出系统功能语言学的一些理论和概念能够辅助所研究语篇的语言分析以揭示其背后隐藏的意识形态含义，强调系统功能语言学对批评话语分析乃至生态批评话语分析的重要语言观和方法论意义。汪徽、辛斌（2017）以范代克（van Dijk，2008）明确指出的系统功能语言学语境理论的六个问题作为切入点，结合相关的理论和概念作为支撑，对系统功能语言学语境观的批评一一进行评述，认为范代克的批评大部分是有理可循的。

语境也是批评话语分析中的一个重要概念。沃达克（Wodak，2014）提出语境分析的四个等级：直接的共同语境；文本借鉴的其他文本和话语；语篇生产、分布和接收的条件和情景化；更宽泛意义上的社会构成。沃达克还强调了互文性和再情景化，即一个文本的要素被合并到另一个文本中，这就不可避免地把新意义创造到再情景化的要素中，使其成为操控的可能。国内研究者已经意识到语境研究对于批评话语分析的重要性，对其进行了多角度研究。

田海龙（2017c）指出批评话语分析的研究对象就是社会实践，根据伯恩斯坦的纵向话语和横向话语，结合再情景化这个概念，提出了纵向再情景化和横向再情景化，并以此来探讨社会实践网络中各个社会实践之间的相互关系。纵向再情景化通常在某一特定社会生活领域的不同社会实践之间发生，是单向的、具有等级特征的，起到支配和规范的社会实践作用；横向再情景化通常在不同的社会生活实践领域中的社会实践发生。该研究从全新的视角解读了批评话语分析的研究对象并提出相应的解决方案。辛斌（2017）对后现代语境下批评话语分析的相对语义观和动态辩证方法论进行探讨，这是该作者“后现代语境下的批评话语分析”系列论文的第三篇。作为后现代语境下的产物，批评话语分析坚持建构主义的观点，倾向于用不同的方式对同一语篇进行分析；作为一种“有态度”的话语分析（van Dijk，2001：96），批评话语分析有自己的反思和批评立场；由于兼具动态辩证性，批评话语分析重视语言在后现代社会变化中所发挥的重要作用。纪卫宁、郭飞（2017）探讨了体裁互文性的概念渊源和三个类别，从社会文化变化、批评性体裁分析两方面对批评话语分析视角下的体裁互文性研究进行梳理和分析，指出目前体裁互文性研究存在的问题，提出今后研究既要兼顾语言内和语言外研究，又要关注中国的再语境化。

语用学是最早将语言学中的语言和语境联系起来的尝试之一，它将语言运用视作行动，这在原则上也是与批评和社会相协调的建构主义话语方法（Polyzou，2018：204）。国内学者已开始尝试运用语用学的分析方法辅助批评话语分析。陈新仁（2017）运用语用学、评价理论和体裁的分析框架，以国际核心期刊论文作为语料，从批评对象、批评维度、批评态度、批评策略和批评强度建构学术批评话语框架，这一研究对提高二语学术写作学习与教学效果非常具有建设意义。

作为认知的一种功能，隐喻分析为批评研究者提供了一种手段，使他们能够理解人们对现实的概念，并探讨特定的思想结构，特别是作为主导意识形态范式的一部分，是如何在话语中提供给受众的（Ng，2018：225）。隐喻分析和批评话语分析相结合的产物——批评隐喻分析（critical metaphor analysis，简称 CMA）由查特里斯-布莱克（Charteris-Black）提出，并在《政治演讲分析：修辞、话语和隐喻》一书中得到进一步拓展，成为话语批评性分析的有益补充（穆军芳，2016b：139）。单理扬（2017）从定量分析和隐喻情节上探讨了美国主流报纸对“一带一路”倡议的隐喻塑造机制，在一定程度上对批评隐喻分析进行优化。刘悦怡（2017）对英国首相特蕾莎·梅的反恐演讲中的概念隐喻进行批评隐喻分析，揭示演讲者的真实政治意图和立场。

边缘话语（marginal discourse analysis，简称 MDA）由丁建新教授（2010）在国内首次提出，关注话语和文化中的不平等性，是以社会关切作为基础的后现代主义话语分析范式。因此，对边缘话语的关注展现了批评话语分析对社会的关切。唐子茜（2017）以边缘话语作为分析方法，对《水浒传》两个译本中反语言所呈现的社会文化内涵进行对比分析，发现沙博理的英译文更能体现出《水浒传》中反语言的社会和文化内涵。这一研究是文学翻译批评研究的有益尝试。

### 2.3 批评话语分析的跨学科研究方兴未艾

除了人类学研究之外，批评话语分析还涉及广泛的领域，例如商业研究、地理、健康研究、媒体研究、心理学和旅游研究等。从这一点上来看，这是一个具有很强跨学科性的学科（Flowerdew & Richardson，2018：1）。2017 年国内批评话语分析的另一显著特征便是跨学科研究方兴未艾，这些学科涉及社会学、翻译学、政治语言学、生态语言学和历史学等。

批评话语分析在社会科学领域备受关注的原因在于，它承认语言使用与语境和结构之间的相互关系。在这一背景下，“做”批评话语分析需要对语言进行尽可能多的反思，这就意味着要理解社会（Fairclough，1992）。2017 年，国内的批评话语分析研究者从社会学的不同视角对批评话语分析进行诸多接面研究。在已有的对批评话语分析马克思主义哲学观和方法论探讨的基础之上（苗兴伟、穆军芳，2016），田海龙和赵芃（2017）从辩证唯物主义的角度对批评话语分析进行了进一步探讨。两位学者以辩证唯物主义为基础，指出批评话语分析与经典马克思主义对语言和社会关系的认识在本质上是不同的。何少娴、尤泽顺（2017）从历史维度提出布尔迪厄的实践社会学对批评话语分析（特别是对于费尔克劳的辩证—关系法）具有重要影响。布尔迪厄提出的建构主义结构观为批评话语分析构建话语与社会关系提供基本理论框架；他就惯习和场域的探讨使批评话语分析明确分析应侧重场域；他的符号权力学说提出的一些概念，如“合法化”“权威”等，已经在批评话语分析中得到广泛运用。实际上，权力问题是批评话语分析关注的一个社会问题，在这方面，国内学者从不同角度进行了诸多研究。张丽萍、丁天会（2017）借鉴福柯的空间与权力理论，对古代县衙法庭空间进行多模态话语分析，指出法官话语权力在司法话语体系中的非中心性，为庭审话语的全面理解提供参照。王晋军、刘笑元（2017）通过分析中国家庭的日常会话，发现家庭会话中的问句不仅是实施权力的重要方式，还呈现出显著的特点。赵芃（2017c）通过分析广告中语言暴力的温柔实施，揭示出广告通过特定的语言手段影响消费者的知识构架和控制消费者的购买行动。李艺（2017）以中英博士生导师和博士生的语言交流作为研究对象，对比分析语言实践构建权力关系的途径及这种权力关系对学生创新能力的影响。

批评话语分析与翻译研究在 2017 年国内批评话语分析文献中呈现出互动、互融的势头。胡开宝、孟令子（2017）从概念界定、属性、主要特征、研究内容、意义等方面探讨了描写性译学和批评话语分析有机融合的产物——批评译学。批评译学以描写性译学为框架，参照批评话语分析的相关理论，阐释翻译与意识形态间的互动关系。以此为基础，胡开宝（2017）对语料库翻译学与批评译学的融合产物——语料库批评译学进行介绍。语料库批评译学以语料库文本分析为基础，参照批评话语和描写性译学的相关理论，坚持描写与解释相结合，微观分析和宏观分析并举，定量和定性研究相结合。郭庆民（2017）对学术翻译理论和实践与批评话语分析核心理念（如话语、权力、意识形态等概念）间的相互关系进行阐释，就学术翻译应注意的问题进行讨论，提出一些学术翻译可行的翻译原则和标准，为学术专家和英语专家齐心协力，全面提升学术翻译质量提供启示。田海龙（2017b）从超学科视角提出中央文献英译的话语研究范式。超学科出自费尔克劳的跨学科分析，指的是两个学科间的互动和相互作用以推进各自发展。如果以上研究属于批评话语分析与翻译的理论研究，那么以下文献则侧重对具体翻译文本进行批评话语实践研究。陈勇（2017）基于再情景化理论，对 2017 年政府工作报告的英译进行探讨，认为为了避免原文意义在新的语境中被曲解，译者应发挥其主体性，采取灵活的翻译策略，以保证译文读者能准确理解原文意义。尹佳（2017）运用批评话语分析的社会实践，以英译《习近平谈治国理政》作为语料，对外宣文本翻译中译者的能动作用进行解读、商讨与建构。

政治话语的批评话语分析主要有两种方法：政治话语研究和政治话语分析。二者均聚焦语言在塑造政治或者被政治塑造中的作用，然而前者以哲学、社会学、政治学和社会心理学作为出发点，而后者的特征是使用应用语言学（Hart，2014：2）。目前国内学者多是使用第一种方法对政治话语进行批评话语分析。王磊（2017）从批评话语分析的角度对美国战争话语的类别、范式变化和话语规范进行探讨，这一研究为中国话语体系的建构提供了很好的借鉴。王野（2017）从批评话语分析视角对中俄国家领导人讲话中的互文现象对比分析，发现在互文形式上，中俄领导人都注重引用国内外名人话语来表达思想；在互文内容上，俄罗斯领导人更注重宣传“俄罗斯新思想”，展示自由、民主、值得信赖的伙伴形象，而中国领导人通过本国传统文化，塑造一个负责任、和谐民主的大国形象。田伟琦（2017）从词汇选择、被动句和互文等方面对 2016 年日本防卫白皮书中的涉华内容进行批评话语分析，旨在揭示日本政府如何通过话语表征来建构“中国威胁论”的意识形态。杨漪漪（2017）对日本现任首相安倍晋三涉朝问题的施政演讲进行批评话语分析，着重分析演讲中涉及的主题、所使用的话语策略，旨在揭示安倍如何运用政治话语来传播其特定的意识形态，从而获得民众的支持。郭旭、欧阳护华（2017）选取两则中美官方危机话语作为语料，提出人际意义的跨文化分析框架，从宏观和微观对比分析中美官方危机话语的人际意义协商和建构，阐释双方在文化价值观和官方政策的差异性。

生态语言学可能为批评话语分析中的理论建设做出贡献，因为所分析的各种数据可以揭示语言如何构建社会的新见解（Stibbe，2014：125）。黄国文、赵蕊华（2017）对生态话语进行综述时，探讨了生态话语、生态批评话语与批评话语分析之间的相互关系。生态话语分析通过语言在现实构建过程中的能动作用来推动生态系统中各个组成要素之间的和谐，促进生态语言学化，因此生态话语分析不能等同于批评话语分析；而目前生态话语分析主要对生态环境相关的话语进行批评话语分析，属于生态批评话语分析的研究范畴，又称作批评生态语言学。李美霞、沈维（2017）对国内外生态语言学研究状况进行梳理回顾，并对未来生态语言学的发展前景进行展望。两位学者指出，生态批评语言学是生态语言学的常见主题之一，包括生态批评话语分析和语言系统生态批评，中国语境下的生态话语分析可以参照以上途径，探究出适合中国国情的生态话语分析模式。

批评话语分析的历史学分析方法试图揭示所接受和归化的隐藏假设历史记录，特别强调其阐述中所使用的语言（Flowerdew，2012：17）。依据这一分析方法，林燕（2017）

以《柳如是别传》中河东君在不同历史时期的事件作为语料，分别从语义态度、道德观及其当下历史价值进行批评话语分析。这一历史文本研究将为话语分析研究注入新的研究活力，推动历史文本在社会发展中发挥积极作用。

### 2.4 研究对象聚焦社会热点问题特别是本土热点问题

批评话语分析的显著特征是通过话语分析来揭示社会问题并以此为基础提出改进问题的相应策略（Fairclough，2010：9）。

通过文献分析，我们发现，2017 年国内批评话语分析研究对象中尤为突出的是本土热点问题，例如网络暴力、老年身份建构、教师身份建构、中国国家形象、中国妇女形象、生命和死亡问题、医患会话、高考外语改革等。

从早期的批评语言学时代到批评话语分析时期，媒体领域的批评话语分析是国内批评话语分析应用最为广泛的领域（穆军芳，2016a：32）。通过对 2017 年的文献进行考察，我们发现国内学者对本土化媒体领域的批评话语分析十分重视。将费尔克劳、沃达克和福柯的话语分析理论相结合，刘文宇、李珂（2017a）提出网络语言暴力的批评话语分析框架，从微观、中观和宏观三个层面探讨网络语言暴力的事件—过程及驱动机制和社会操纵过程，为更好地揭示网络语言暴力提供借鉴。以批评话语分析的社会—认知法为基础，结合集体身份建构和话语策略相关理论，刘文宇、李珂（2017b）借助质性分析工具，对老年人相关报道的报刊和微博进行对比分析，旨在探讨不同媒体类型对老年人的集体身份在话语建构上的差异性。刘文宇、毛伟伟（2017）选取《人民日报》和“新浪微博”中与教授相关的语料作为研究对象，对教授集体身份进行批评话语分析。刘熠（2017）通过分析教师为主题的时政漫画中多模态隐喻，揭示出时政话语对于教师身份的建构途径，从而唤起媒体和公众对教师形象的正确理解。颜琪琳、李勇忠（2017）以范鲁文的社交网络为基础，对中美主流媒体就天安门金水桥事件的新闻报道进行批评话语分析。

国家和个人形象建构问题也是国内学者研究的热点。朱桂生、黄建滨（2017）借助费尔克劳的三维研究路径，从文本分析、话语实践和社会实践对 BBC 纪录片《中国的秘密》进行批评话语分析，发现西方主流媒体对中国青年形象的建构上失之偏颇，提醒中国受众要正视外媒报道。潘艳艳、董典（2017）选取美国主流媒体就中俄军演的新闻报道作为语料，从批评话语分析的角度，借助评价理论和新闻的互文性，探讨美国主流媒体对中国形象和大国关系建构的话语策略，发现这些主流媒体倾向于使用隐性评价意义的表达。王楠楠（2017）通过分析俄罗斯媒体对北京奥运会的新闻报道，探讨俄罗斯背景下中国形象的建构过程和途径，为我国国家形象的对外自塑和他塑的和谐提供一定的参照。以女性为研究对象是国际批评话语分析（2006—2015）的一个显著特征（穆军芳、马美茹，2016：150），目前有国内学者也注意到这一热点对象。李娜（2017）以《人民日报》在妇女节刊发的社论评论作为语料，对中国不同历史时期女性形象建构进行批评话语分析，研究表明中国女性形象的变化与中国社会的变迁基本是同步的。

与人类休戚相关的生命和死亡问题已成为批评话语分析的热点话题。王景云（2017）以定位理论作为分析框架，探讨一名肿瘤医生在病人临终和死亡叙事实践中的职业认同变化。陈艳清、高一虹（2017）将联想组合分析法和访谈法相结合，对在校大学生及其家长这两代人对“安乐死”“尊严死”的死亡态度进行对比研究，发现学生持更宽容的态度，而家长更注重法律和伦理的约束。高一虹、张雨涵（2017）基于语义区分量表，辅助以访谈录音，选取中国社会经济发展不同地区的大学本科生，探讨大学生对“自杀”的心理意义建构，这一研究将对高校的生命教育提供参照。孟玲（2017）以北京某高校生死教育课上就自杀讨论的录音作为语料，运用民族志的方法探讨多元声音的对话性及其建构出的生命意义。

其他领域的社会热点问题也备受关注。谭晓风（2017）把不同科室医生和患者的对话录音转写为语料，结合系统功能语言学和批评话语分析的相关理论，对医生的身份建构和语言表征之间的互动关系进行探讨，指出在具体的门诊会话中医生需要根据不同情况转变角色，医生要具备互动的身份建构意识，注重语言在身份建构中的作用，从而构建和谐医患关系。张天伟、高新宁（2017）以国内备受关注的高考外语改革政策作为案例，从批评认知视角对语言政策话语研究的理论、方法和框架进行探讨。杨党芳（2017）基于费尔克劳的话语实践法，探讨新闻报道中空巢老人的形象建构，指出媒体的报道影响公众的认知。

### 2.5 期刊专栏、研讨会助力批评话语分析的发展

2017 年国内有关批评话语分析的研究专栏和研讨会呈现出百家争鸣、百花齐放的可喜局面。

《外语研究》2017 年第 6 期刊载了由南京师范大学张辉教授主持的“认知语言学和批评话语分析”专栏研究团队文章，从认知语言学和批评话语分析互动的视角对不同的分析语料进行探讨，展现批评话语分析的认知转向。《天津外国语大学学报》2017 年第 5 期刊发了由天津外国语大学田海龙教授组稿的“话语与中央文献英译研究”专栏，对新时代中央文献英译研究进行批评话语分析，展现批评话语分析与翻译学的互动、互融研究。田海龙教授还在《语言学研究》组织“话语与权力关系研究”专栏，特别强调批评话语分析不是以语言问题为出发点，而是关注社会问题，其对社会问题的探究要以话语分析为基础。他还强调，进行批评话语分析，首要的是对具体的社会问题进行个案研究，

这不仅比建构宏大的理论对批评话语分析更为重要，而且也是批评话语分析理论建构的基础（田海龙，2017d）。《东北亚外语研究》2017 年第 2 期刊登了由大连外国语大学刘宏教授主持的“政治语言学研究”专栏，运用话语分析的不同研究方法对政治语言学进行多角度探析，丰富了该领域研究。《话语研究论丛》2017 年第 1 辑刊登了由北京大学高一虹教授组稿的“死亡的意义研究”，表明批评话语分析不只是“批评”，更是对社会热点问题的关切。以上的专栏研究分别从认知语言学、翻译学政治语言学、社会语言学等视角对不同语料进行批评话语分析，这些研究必将推动国内批评话语分析的繁荣发展。

除了专栏研究之外，学术研讨会也在一定程度上对国内批评话语分析的发展起到推波助澜作用。2017 年 3 月在北京师范大学外国语言文学学院举办的“2017 当代语言学前沿：语言、社会及意识形态”研讨会，就马克思主义、意识形态和话语研究的相关热点问题进行探讨。2017 年 11 月在华东交通大学（江西南昌）成功举办的第七届“当代中国新话语”国际学术研讨会（每两年举办一次），汇集国内外 200 多名话语研究领域的知名专家、国内外语期刊主编和中青年学者，主旨发言结合小组平行发言就话语研究领域的前沿和热点问题进行探讨，为国内新话语研究的深入发展献计献策。这些颇具影响力的话语研究学术会议每年或隔年成功举办，充分展现了国内相关科学研究机构对话语研究的高度重视。

## 3. 结语

本研究从批评话语分析的研究路径、分析方法、跨学科研究、研究对象和研究成果五个方面，对 2017 年国内批评话语分析的研究特征进行梳理分析，研究发现如下特征：第一，传统研究方法如辩证—关系、社会—认知、话语—历史及后起的研究方法如话语—空间、批评认知法和积极话语分析等都受到国内学者的重视，这些多维度研究路径深化批评话语分析的前沿研究；第二，分析方法呈现出多元化发展趋势，系统功能语言学、语用学等分析方法推进批评话语分析的蓬勃发展；第三，批评话语分析与系统功能语言学、认知语言学、翻译学、政治语言学、生态语言学及历史学等跨学科研究方兴未艾；第四，研究对象聚焦社会热点问题特别是本土热点问题，如网络暴力、老年身份建构、教师身份建构、中国国家形象、中国妇女形象、生命和死亡问题、医患会话、外语教育改革等；第五，研究成果通过期刊专栏和研讨会等得以展现，这些都在一定程度上助力国内批评话语分析的蓬勃发展。相信在国内批评话语分析研究者的共同努力之下，批评话语研究在国内学术界将会进一步发展，也会在国际学术界展示具有中国特色的研究成果。

**注释：**

① 该文原发表于《天津外国语大学学报》2018 年第 6 期，120-133 页。

② 国内还有部分学者将其翻译为“邻近化”，为了保持术语一致性，我们在本文采用学界较多的译文“趋近化”。

**参考文献：**

Burr, V. 2003. *Social Constructionism* (2nd ed.). London: Routledge.

Cap, P. 2006. *Legitimization in Political Discourse: A Cross-Disciplinary Perspective on the Modern US War Rhetoric*. Newcastle: Cambridge Scholars Press.

Cap, P. 2008. Towards the Proximization Model of the Analysis of Legitimization in Political Discourse. *Journal of Pragmatics*, 40 (1): 17-41.

Cap, P. 2010. Axiological Aspects of Proximization. *Journal of Pragmatics*, 42 (2): 392-407.

Cap, P. 2013. *Proximization: The Pragmatics of Symbolic Distance Crossing*. Amsterdam: Benjamins.

Charteris-Black, J. 2014. *Analysing Political Speeches: Rhetoric, Discourse and Metaphor*. Basingstoke: Palgrave Macmillan.

Chilton, P. 2004. *Analysing Political Discourse: Theory and Practice*. London: Routledge.

Chilton, P. 2005. Discourse Space Theory: Geometry, Brain and Shifting Viewpoints. *Annual Review of Cognitive Linguistics*, (3): 78-116.

Evans, V. & Chilton, P. 2010. *Language, Cognition and Space: The State of the Art and New Directions*. London: Equinox.

Fairclough, N. 1992. *Discourse and Social Change*. Cambridge: Polity.

Fairclough, N. 1995. *Media Discourse*. London: Edward Arnold.

Fairclough, N. 2010. *Critical Discourse Analysis: The Critical Study of Language* (2nd ed.). London: Longman.

Flowerdew, J. 2012. *Critical Discourse Analysis in Historiography: The Case of Hong Kong's Evolving Political Identity*. New York: Palgrave Macmillan.

Flowerdew, J. & Richardson, J. E. 2018. *Handbook of Critical Discourse Studies*. London: Routledge.

Hart, C. 2010. *Critical Discourse and Cognitive Science: New Perspectives on Immigration Discourse*. Basingstoke: Palgrave Macmillan.

Hart, C. 2014. *Discourse, Grammar and Ideology: Functional and Cognitive Perspectives*.

London: Bloomsbury.

Kress, G. 1996. Representational Resources and the Production of Subjectivity: Questions for the Theoretical Development of Critical Discourse Analysis in a Multicultural Society. In C. R. Caldas-Coulthard & M. Coulthard (eds.). *Texts and Practices: Readings in Critical Discourse Analysis*. London: Routledge.

Ng, C. J. W. 2018. Metaphor. In J. Flowerdew& J. E. Richardson (eds.). *Handbook of Critical Discourse Studies*. London: Routledge.

Parker, I. 1998. *Social Constructionism, Discourse and Realism*. London: Sage.

Polyzou, A. 2018. Pragmatics and Critical Discourse Studies. In J. E. Richardson (ed.). *Handbook of Critical Discourse Studies*. London: Routledge.

Stibbe, A. 2014. An Ecolinguistic Approach to Critical Discourse Studies. *Critical Discourse Studies*, 11 (1): 117-128.

Talmy, L. 2000. *Toward a Cognitive Semantics: Typology and Process in Concept Structuring*. Cambridge, Mass: MIT Press.

van Dijk, T. A. 2001. Multidisciplinary CDA: A Plea for Diversity. In R. Wodak & M. Meyer (eds.). *Methods of Critical Discourse Analysis*. London: Sage Publications.

van Dijk, T. A. 2008. *Discourse and Context: A Sociocognitive Approach*. Cambridge: Cambridge University Press.

Wodak, R. 2014. Discourse and Politics. In J. Flowerdew (ed.). *Discourse in Context*. London: Bloomsbury.

Wodak, R. & Meyer, M. 2016. Methods of Critical Discourse Studies: History, Agenda, Theory and Methodology. In R. Wodak and M. Meyer (eds.). *Methods of Critical Discourse Studies* (3rd ed.). [C]. London: Sage.

陈勇，2017，再情景化与政府工作报告英译研究，《天津外国语大学学报》，第 5 期，8-14，80 页。

陈新仁，2017，学术批评话语的分析框架建构——基于国际核心期刊论文的研究，《外语与外语教学》，第 6 期，34-44，146 页。

陈艳清、高一虹，2017，大学生与家长对“尊严死”“安乐死”的态度——基于联想组合分析和话语分析的考察，《话语研究论丛》，第 1 辑，16-31 页。

丁建新，2010，作为社会符号的“反语言”——“边缘话语与社会”系列研究之一，《外语学刊》，第 2 期，76-83 页。

高一虹、张雨涵，2017，“自杀”对大学生的心理意义——基于语义区分和话语分析的考察，《话语研究论丛》，第 1 辑，32-52 页。
郭彬彬，2017，《批评认知视角下的环境新闻语篇话语策略研究》，北京：人民日报出版社。
郭庆民，2017，从批评话语理论的核心理念看英汉学术翻译，《国外理论动态》，第 3 期，116-125 页。
郭旭、欧阳护华，2017，中美官方危机应对话语的人际意义研究，《话语研究论丛》，第 1 辑，78-95 页。
何少娴、尤泽顺，2017，建构、场域及符号权力：布尔迪厄对批评话语分析的影响，《东南学术》，第 6 期，226-232 页。
黄国文，2017，从系统功能语言学到生态语言学，《外语教学》，第 5 期，1-7 页。
黄国文、赵蕊华，2017，生态话语分析的缘起、目标、原则与方法，《现代外语》，第 5 期，585-596，729 页。
胡开宝，2017，语料库批评译学：翻译研究新领域，《中国外语》，第 6 期，1，11-12 页。
胡开宝、孟令子，2017，批评译学研究：翻译研究新进展，《外国语》，第 6 期，57-68 页。
纪卫宁、郭飞，2017，批评话语分析视域下的体裁互文性研究，《山东外语教学》，第 4 期，3-8 页。
李美霞、沈维，2017，域内外生态语言学研究流变与发展趋向，《北京科技大学学报（社会科学版）》，第 6 期，8-18 页。
李娜，2017，《人民日报》社论评论中妇女形象建构的文化分析——一项基于语料库的批评话语研究，《新闻爱好者》，第 1 期，51-55 页。
李艺，2017，权力关系与创新能力——中英师生语言交流的比较研究，《语言学研究》，第 2 期，40-52 页。
林燕，2017，《柳如是别传》的历史话语分析，《湖南科技大学学报（社会科学版）》，第 2 期，143-147 页。
刘纯，2017，CDA 与 PDA 共现视角下美国国情咨文之中国形象分析与建构，《太平洋学报》，第 11 期，26-37 页。
刘文宇、李珂，2017a，基于批评性话语分析的网络语言暴力研究框架，《东北师大学报（哲学社会科学版）》，第 1 期，119-124 页。
刘文宇、李珂，2017b，报刊和微博中老年人身份建构差异研究，《外语与外语教学》，第 6 期，71-80，147 页。
刘文宇、毛伟伟，2017，“教授”集体身份在报纸媒体与微博中的话语建构差异，《现代教育管理》，第 9 期，70-74 页。
刘熠，2017，教师漫画中的多模态隐喻与教师身份建构，《语言学研究》，第 2 期，161-173 页。
刘悦怡，2017，反恐演讲中的概念隐喻——批评隐喻分析视角，《话语研究论丛》，第 2 辑，62-75 页。
孟玲，2017，有关“自杀”的多元声音对话与生命意义建构——高校生死教育课话语分析，《话语研究论丛》，第 1 辑，53-66 页。
苗兴伟、穆军芳，2016，批评话语分析的马克思主义哲学观和方法论，《当代语言学》，第 4 期，532-543 页。
穆军芳，2016a，国内批评话语分析研究进展的科学知识图谱分析（1995-2015），《山东外语教学》，第 6 期，26-34，107 页。
穆军芳，2016b，《政治演讲分析：修辞、话语和隐喻》介评，《话语研究论丛》，第 2 辑，135-141 页。
穆军芳、马美茹，2016，国际批评话语分析研究进展的科学知识图谱分析（2006-2015 年），《河北大学学报（哲学社会科学版）》，第 6 期，146-154 页。
潘冬，2017，批评话语分析的新方法——趋近化分析，《山东外语教学》，第 4 期，9-16 页。
潘艳艳、董典，2017，美国主流新闻媒体建构中国形象和大国关系的话语策略研究——以 2016 年中俄联合军演的相关报道为例，《西安外国语大学学报》，第 3 期，50-56 页。
潘艳艳、郑志恒，2017，国防话语的多模态认知批评视角——以中美征兵宣传片的对比分析为例，《外语研究》，第 6 期，11-18 页。
邱海颖，2017，德国国家身份构建——安格拉·默克尔演讲辞的批评话语分析（2005—2015），北京：光明日报出版社。
单理扬，2017，媒体话语的隐喻叙事研究——以美国主流报刊对“一带一路”倡议的隐喻塑造为例，《山东外语教学》，第 4 期，17-26 页。
宋健楠，2017，批评话语分析中态度意向的邻近化语义构建，《外国语》，第 6 期，12-19 页。
谭晓风，2017，医患会话的医生多重身份建构研究，《医学与哲学》，第 9 期，40-42 页。
唐子茜，2017，《水浒传》中“反语言”英译的边缘话语分析，《外语研究》，第 6 期，87-91 页。
田海龙，2017a，作为社会实践的翻译——基于批评话语分析的理论思考与方法探索，《外语研究》，第 3 期，60-64，71，112 页。
田海龙，2017b，中央文献英译的话语研究范式——超学科视角，《天津外国语大学学报》，第 5 期，1-7，80 页。
田海龙，2017c，社会实践网络与再情景化的纵横维度——批评话语分析的新课题及解决方案，《外语教学》，第 6 期，7-11 页。
田海龙，2017d，“话语与权力关系研究”栏目主持人语，《语言学研究》，第 2 期，3-4 页。
田海龙、赵芃，2017，批评话语分析再思考——基于辩证唯物主义的语言与社会关系研究，《当代语言学》，第 4 期，494-506 页。
田伟琦，2017，对 2016 年日本防卫白皮书中“中国威胁论”话语建构的批评话语分析，《东北亚外语研究》，第 2 期，36-41 页。
汪徽、辛斌，2017，系统功能语言学语境理论：质疑与反思，《外语研究》，第 1 期，27-31 页。
王晋军、刘笑元，2017，中国家庭会话中的问句与权力关系，《语言学研究》，第 2 期，17-29 页。
王景云，2017，从“治疗疾病”到“照顾生命”的职业认同定位变化——关于病人临终和死亡的医生叙事分析，《话语研究论丛》，第 1 辑，3-15 页。
王磊，2017，美国战争话语的分类、范式变化及话语规范，《外语研究》，第 5 期，31-35 页。
王楠楠，2017，俄罗斯语境下中国国家形象的话语建构研究——以俄罗斯媒体对北京奥运会的报道为例，《东北亚外语研究》，第 2 期，15-19，41 页。
王野，2017，中俄国家领导人讲话中互文现象的对比分析，《东北亚外语研究》，第 2 期，20-25 页。
武建国、陈聪颖，2016，2015 年批评性话语分析研究综述，《天津外国语大学学报》，第 3 期，66-73 页。
辛斌，2017，语义的相对性和批评的反思性，《山东外语教学》，第 1 期，3-10 页。
辛斌、刘辰，2017，van Dijk 的社会—认知话语分析，《外语学刊》，第 5 期，14-19 页。
徐中意，2017，认识情态在政治话语中的认知—功能研究，《外语研究》，第 6 期，26-31 页。
颜琪琳、李勇忠，2017，新闻话语的再情景化，《外语学刊》，第 4 期，63-67 页。
杨党芳，2017，空巢老人在新闻报道中的形象——基于批评话语分析的发现，《话语研究论丛》，第 2 辑，45-61 页。

杨漪漪，2017，语篇—历史分析视角下安倍施政演讲中有关朝鲜主题政治话语的文本分析，《东北亚外语研究》，第 2 期，31-35 页。

尹佳，2017，解读、商讨与建构——外宣翻译过程中译者的能动作用，《天津外国语大学学报》，第 5 期，15-20，80 页。

张辉、罗一丽，2017，战略情报话语的批评认知分析——认知语法的视角，《外语研究》，第 6 期，4-10，112 页。

张丽萍、丁天会，2017，法庭话语权力的空间配置与法官话语的非中心化——对内乡县衙大堂法庭空间的多模态话语分析，《语言学研究》，第 2 期，5-16 页。

张天伟、高新宁，2017，语言政策的话语研究路向：理论、方法与框架——高考外语改革政策的批评认知案例研究，《外语研究》，第 6 期，19-25 页。

赵芃，2017a，2016 年国内批评话语分析研究综述，《天津外国语大学学报》，第 4 期，72-79 页。

赵芃，2017b，《"学雷锋活动"历史变迁的话语研究》，天津：南开大学出版社。

赵芃，2017c，实施温柔语言暴力的广告——语言与权力的叙事语用分析，《语言学研究》，第 2 期，30-39 页。

朱桂生、黄建滨，2017，西方主流媒体视野中的中国青年形象研究——基于 BBC 纪录片《中国的秘密》的批评性话语分析，《中国青年研究》，第 5 期，106-111 页。

## Review of China's Critical Discourse Analysis in 2017

Mu Junfang, Hebei University

Abstract: In 2017, China's critical discourse analysis (CDA) continued to show a promising development trend. In order to facilitate readers to more fully understand research features and frontier trends of domestic CDA in this year, this paper explores and reviews characteristics of domestic CDA in 2017 from five aspects: research approaches, analytical methods, interdisciplinary research, research objects and research results.

Key words: critical discourse analysis, 2017, China, research features, frontier trends

**作者简介：**

穆军芳，女，河北大学外国语学院副教授，博士。研究方向：功能语言学、语篇语言学、认知语言学。

《话语研究论丛》第六辑
2018 年

# 《性别、权力和政治话语：2015 英国大选中的女性和语言》评介*

◎ 陈琳琳　　北京师范大学

**摘　要**　本文介绍了 Deborah Cameron 和 Sylvia Shaw 于 2016 年 3 月出版的新书 *Gender, Power and Political Speech: Women and Language in the 2015 UK General Election*。我们对该书内容做了简要总结并从理论基础、研究设计和研究方法三个方面进行了评述。本文认为该书的突出特点是：第一，从社会建构主义的角度审视性别和语言的关系，在话语分析中充分考虑性别以外的社会因素对语言的影响；第二，研究从辩论话语的分析、媒体对辩论话语的再现和观众对辩论话语的评价三个方面展开，多维度阐释了语言和性别的关系；第三，综合语言学、性别研究、政治学等领域的理论和研究方法，是跨学科研究的典范，对中国语境下性别和话语研究各自分立的研究传统尤其具有启示意义。

**关键词**　性别；语言；社会建构主义；跨学科研究

## 1. 引言

20 世纪七八十年代，性别与语言研究着眼于男性和女性在语言使用方面的差异并倡导清除语言中的性别歧视。90 年代以来，这一领域的研究开始重视性别以外的身份特征和社会语境对语言交际的影响，试图打破唯差异论的研究范式。著名社会语言学、性别与语言研究领域的领军人物之一 Deborah Cameron 就是性别语言差异论的坚定批判者。

* 通讯作者：陈琳琳
联系地址：北京师范大学外国语学院

2016 年 3 月，她和 Sylvia Shaw 合作的新书 *Gender, Power and Political Speech: Women and Language in the 2015 UK General Election* 由 Palgrave Macmillan 出版。该书基于对 2015 年英国大选期间电视政治辩论的个案研究，深入分析了性别和语言在特定社会语境下的关系。本文拟介绍该书内容并做简要评价。

## 2. 内容简介

该书通过分析 2015 年英国大选中各党派候选人的电视辩论话语，探讨性别身份是否对政治演讲产生重要影响。该研究分析了几位候选人在辩论过程中话语风格和策略的异同，并讨论了辩论结束后英国纸媒如何再现大选辩论中女性领导人的话语风格。本书的突出特点是挑战了二元对立的性别角色对语言差异的决定作用，强调性别身份以外的变量（如说话人所属政党的地位、个人从政经历等）对话语的影响。全书共分四章，第一章和第四章分别为导言和结论，第二、三章是研究的主体部分。以下将逐一介绍。

第一章"不同的声音？"。本章回顾了性别与语言研究的历史，尤其是在政治和机构话语中性别对言语行为的影响。作者简述了该书个案研究的背景，即 2015 年英国大选辩论的基本情况，并介绍了该研究的路径、目的和方法。以往研究的主流观点之一是女性具有"不同的声音"，比如在政治语境下，一般认为女性的交际特点是谦和、低调、合作，而男性则好斗、挑衅、咄咄逼人。但也有很多研究对此提出挑战，认为"不同的声音"这一语言学和社会政治学概念恰恰束缚了女性的行为，固化了性别刻板印象。作者基于对大选辩论环节的观察对"不同的声音"提出质疑：在政治语境下女性的话语风格和交际策略是否和男性有显著差异从而具有独特的政治贡献？电视辩论归根结底仍是媒体话语，因此作者在第二章和第三章分别从媒体的生产和接受两个角度来展开论述。

第二章"2015 英国大选辩论中的性别和话语风格"。本章分析了电视辩论中男女领袖的话语特点，聚焦说话人的说话时长、话轮交替、对抗和合作策略的使用。该部分量化研究较少，作者主要统计了说话人参与辩论时的说话时长、占有话轮的时间以及指派话轮（invited turn）和未指派话轮（uninvited turn）的持续时间。研究发现每位男性的说话时间均长于女性，但是占有话轮时间却无性别差异。交际策略方面，作者主要进行了描述性分析，例如男女领导人都采用了"打断""无视主持人""抢夺话轮"等方式来挑战对手，宣传自己的政治主张。研究认为虽然几位领导人在交际策略上有个体差异，但性别并不是主要的影响因素，说话人所属政党的地位、从政的经历等因素对话语风格也起到关键作用。

第三章"接受和再现"。本章分析了大选期间英国报纸对参与辩论的三位女领导人的报道，旨在探究作者对电视辩论的分析和媒体对辩论的解读是否吻合，并说明媒体再现对塑造公众观念有何影响。作者在数据库Lexis UK中检索了议会解散次日至选举日，提及以上任何一位女领导人的新闻、评论等体裁的语篇共219篇。通过分析发现了如下特点。第一，对这场政治事件的呈现中，性别是媒体关注的焦点之一。“不同的声音”这一根深蒂固的理念在媒体报道中得到淋漓尽致的体现。媒体认为女性能带来“不同的政治”，为英国政界注入活力。但作者认为这看似积极的建构恰恰反映了女性作为男权统治的英国政界的局外人的形象。作者认为媒体在评判女性的话语策略时采用双重标准，使用对抗策略的女性被认为过于强势，女性的权威和强硬被看作男性化特征，而使用合作策略的女政治家又被批判为太温顺，其执政能力受到质疑。第二，媒体更关注女政治家作为女性的群体身份而非政治家的个体身份，着意呈现女政治家的外貌、服饰、家庭等特征，而强调男政治家的权势和权威。第三，媒体话语中充满了隐性的性别歧视。比如抽样的新闻语篇中包含大量带有性别特征的隐喻。女性领导人被比作护士、小学老师，而男性领导人被比作小学校长，权势关系可见一斑。且这类隐喻并不是强调女性“关爱”“温柔”的特质，而是其“悍妇”特质，如imperious dental nurse（飞扬跋扈的牙科护士）。再如转述男女领导人话语时，男性话语多用“说”来转述，而女性话语则用“squeak（尖叫）”“snap（呵斥）”等带有明显情感立场的动词转述。总体看来，媒体对辩论的再现和作者对辩论的观察并不一致。媒体着力展现女政治家话语的个性，强调与男性的差异，但作者的分析结果却显示他们之间并没有显著差异，对性别身份的过分渲染反而强化了性别刻板印象，使男性与女性之间的冲突和对立难以弥合。

第四章“结语”。作者在本章重申了上述观点：男女性话语风格的差异并非与生俱来，而是多种因素共同作用的结果。对于女性话语风格的描写事实上规定和限制了女性的行为，女性获得平等的方式也不是以男性为标尺、和男性有同样的行为。政治家的影响力不是源自他们的“男性话语”或“女性话语”，而是来自他们作为个体所拥有的独特的话语风格。

## 3. 简评

本书反映了性别和话语研究的新进展，立场鲜明，研究特点突出，以下将从理论基础、研究设计和研究方法三个方面分析其主要特点。

第一，突显了性别与话语研究中的社会建构主义视角，大胆质疑传统性别研究中的本质主义，认为所谓的“女性语言”不是女性固有的特质而是被建构的概念。早期的性别与语言研究是本质主义的，“性别”和“性别语言”都是独立于社会共同体的本质特征，而“社会建构主义把性别看成社会构体（construct），是能够组织交际并控制资源和权势分配的意义系统”（Crawford，1995：12），因此社会建构主义视角下的语言分析趋于多元，充分考虑个人与社会共同体的关系，关注社会地位、交际意图等因素对语言风格和策略的影响。当本质主义的性别和语言研究陷入泥沼，得出的结论相互矛盾、缺乏说服力的时候，建构主义视角给这一领域的研究注入新的活力。其实早在 1985 年，本书作者之一 Deborah Cameron 就提出，虽然女性主义者力求证明在语言中也存在着男权至上的思维，但这种做法恰恰“深化了性别差异而没有对其加以批判”（Cameron，1985：29）。Cameron（2007）还对性别差异论提出针锋相对的观点，认为男女之间的相似性和差异性是等同的，主张摒弃简单的二元对立，从更多的维度考察性别因素对行为的影响。本书的研究延续了这一主张，重视女性身份的多重性以及社会语境对话语和说话人的影响，指出辩论过程中所呈现的男女差异往往不是性别因素造成的，而是社会地位、政党地位和个性特征所决定的。社会建构主义的视角把研究者的注意力从性别这一中心概念移开，得以更加客观地看待被观察对象。

第二，从研究设计来看，本研究思路清晰，设计巧妙，颇有深度。研究者把男性和女性具有“不同的声音”这一传统思想作为研究的主线，把男女性话语看成一个多面体，从不同角度做深度解读。对辩论话语的分析是第一维度，试图通过客观描述来解答“男性和女性领导人是否具有不同的声音”这一问题。对报纸再现的分析是第二维度，探讨“不同的声音”这一思想如何潜藏在语篇中，塑造读者的观念。作者在结语中还增加了第三维度，她们引用了其他研究者在电视辩论后对普通观众的访谈，探查大众视角中的领导人话语风格，以及大众解读是否受到“不同的声音”这一观念的影响。以往大多数研究只关心第一维度，即交际事件中不同性别的话语特点、交际策略和性别身份的建构等问题，而多维度的观察使研究者更易接近研究对象的本质。

第三，研究方法多样且融合多学科视角是本书的又一亮点。作者针对不同的研究内容分别采用了恰当的方法，力求对个案进行深度阐释。虽然个案研究缺乏概括性和可复制性，但因其细致深刻的解读，对同类研究具有启发意义。本书以质性分析为主，量化分析为辅。在研究政治辩论时，把辩论看作特殊的会话，采用会话分析的方法揭示整个辩论的交际特征和说话人的话语风格。在研究报纸对女性领导人的报道时，使用内容分析的方法来分析报道的主题，并从批评话语分析的视角考察了相关报道的语言形式和修辞特征，以说明性别歧视是如何在媒体话语中进一步固化、自然化和合法化的。

本书旨在通过话语分析来探讨女性、权力和政治话语的关系。研究对象的复杂性决定了单一视角无法给出透彻的解读，因此研究融合了传播学、语言学和性别研究三大领域的理论，全面剖析影响政治家话语的多种因素。著名社会学家布迪厄曾经批判过对政治演讲的话语分析，认为这样的分析没有考虑到研究对象在生成、建构和接受过程中复杂的社会历史状况（Fairclough，1995）。而本书所呈现的跨学科研究则充分考虑到社会历史背景对话语的影响，突显了以性别为节点的复杂的社会语境网络在交际中的辐射作用，突破了以往研究中过分关注性别身份的思路，开辟了性别与话语研究的新路径。本研究在理论框架的建构上采用了"概念实用主义（conceptual pragmatism）"原则（Mouzelis，1995：9），面对复杂的研究问题，不寻求单一、普适的理论框架，而以问题为驱动，选择适宜的理论和研究方法，它所提供的学科对话模式对跨学科研究具有重要启示。

当然，本书也有其局限性。首先，电视辩论和报纸新闻都是多模态话语，而作者只关注其语言而忽略了视觉模态（如表情、身势语、图像）和听觉模态（如声调、音色）的意义建构功能，而这些模态在表达语篇主题、说话人的态度立场等方面均起到举足轻重的作用，能增加话语的意义生成潜能，值得深入挖掘。该研究的另一缺憾是量化研究不足，仅局限于对电视辩论中说话人的说话时长和话轮特征的频数计算。虽然本研究的批评话语分析视角和个案研究方法都决定了质性分析的主导地位，但是语料库的辅助研究亦能展示语言共现的累积效应，增加语言描写的客观性，为质性分析提供证据。本研究中的辩论和媒体语篇都可以建成语料库，进行自动分析。例如，在新闻语篇中通过关键词、索引行的分析，可以考察媒体对每位领导人的评价，或提供领导人在相关语料中被提及的次数等信息，使整体分析更有说服力。

然而，瑕不掩瑜，本书跨学科的研究方法、多维度个案分析的深度及社会建构主义的视角都体现了性别和语言研究的新发展，对性别研究、传播学、政治学和话语分析等领域具有借鉴意义，对中国语境下性别和话语研究各自分立的研究传统尤其具有启示意义，因此值得向相关领域的研究者推荐。

**参考文献：**

Cameron, D. 1985. *Feminism and Linguistic Theory*. London: Macmillan.

Cameron, D. 2007. *The Myth of Mars and Venus: Do Men and Women Really Speak Different Languages?*. Oxford: Oxford University Press.

Cameron, D. and S. Shaw. 2016. *Gender, Power and Political Speech: Women and Language in the 2015 UK General Election*. London: Palgrave Macmillan.

Crawford, M. 1995. *Talking Difference: On Gender and Language*. London: Sage.

Fairclough, N. 1995. *Media Discourse*. New York: Edward Arnold.

Mouzelis, N. 1995. *Sociological Theory: What Went Wrong? Diagnoses and Remedies*. London: Routledge.

# Review of *Gender, Power and Political Speech: Women and Language in the 2015 UK General Election*

Chen Linlin, Beijing Normal University

**Abstract:** This paper introduces Deborah Cameron and Sylvia Shaw's new book *Gender, Power and Political Speech: Women and Language in the 2015 UK General Election* published in March, 2016. A chapter summary is provided and a brief comment is made from three aspects: the theoretical foundation, the research design and the research methodology. The prominent features of this book are as follows: Firstly, it scrutinizes the relation between language and gender from the social constructivist perspective, giving ample consideration to social factors other than gender identity in the course of discourse analysis; secondly, it is a multi-dimensional research focusing on three dimensions: the discourse analysis of debate discourse, media representation of the debate and audience response to the debate; thirdly, it is a good example of multi-interdisciplinary research drawing on theories and research methodologies from gender study, linguistics and politics, and sheds light on the studies on gender and discourse in the Chinese context, where the two fields of studies rarely have dialog.

**Key words:** gender, language, social constructivism, multi-disciplinary study

**作者简介：**

陈琳琳，女，北京师范大学外国语学院博士生。研究方向：话语分析、系统功能语言学。

书 评

《话语研究论丛》第六辑
2018 年

# 《“学雷锋活动”历史变迁的话语研究》评介*

◎ 刘璇　天津外国语大学

**摘　要**　《“学雷锋活动”历史变迁的话语研究》以“学雷锋”话语实践为切入点，充分展现了话语对社会的建构力量。主要内容包括：通过话语策略分析展示不同时代“学雷锋话语”的共性与特性，通过再情景化过程分析发现“领袖话语”对“学雷锋话语”的影响，通过社会历史情景分析探讨“学雷锋话语”延续又变化的动因。本文对书中主要内容进行简要介绍，并结合话语研究的理论对该书进行简要评价。

**关键词**　“学雷锋活动”；话语实践；话语策略；再情景化过程

## 1. 引言

《“学雷锋活动”历史变迁的话语研究》对我国延续半个多世纪波澜壮阔的“学雷锋活动”进行历时的话语研究，通过揭示“学雷锋活动”中的话语特征，探讨其话语意义在不同历史阶段既发展又延续的动因，展现了“学雷锋话语”对“学雷锋活动”的建构性，阐释了话语对促进社会变革的积极作用。

笔者仔细阅读该书，收获颇多，不仅为书中丰富的历史内容和话语研究的哲理所折服，也为作者独到的学术敏感而赞叹。下面以“内容介绍”为题阐述对该书内容的理解，以“简评”为题阐述结合该书内容对话语研究领域的一些反思。

* 通讯作者：刘璇
联系地址：天津市河西区马场道 117 号，天津外国语大学中央文献翻译研究基地
电子邮件：lx365204@163.com

## 2. 内容介绍

本书依次由引言、六个章节、参考文献以及附录组成。作者首先在引言中介绍了此项研究的契机、对研究的反思及设计等；之后通过六个章节的细致分析为读者呈现了主要研究成果；最后在附录中列举了研究涉及的表格和资料，其中整理了“学雷锋活动”相关的十六篇文本（包括1963—2012年间的八篇《人民日报》社论和八篇领袖发表的讲话或文章），它们为进一步研究有关课题提供了珍贵材料。下面将对书中的六个章节进行重点介绍。

第一章对“学雷锋活动”的开展背景和研究现状进行了梳理，并在此基础上提出了三个主要研究问题。这一章通过集中介绍“学雷锋活动”开展的背景，展示出话语在“学雷锋活动”中的参与性，特别是媒体宣传和领导的号召这两大因素对“学雷锋活动”开展的重要作用；此外还梳理了有关“雷锋”“雷锋形象变迁”和“雷锋形象研究视角和方法”的研究现状，重点分析对比了政治学、传播学和社会文化等不同领域内的研究，并指出此项研究的特点是从批评话语分析视角出发，将语言学领域细致的文本分析与宏观的社会因素相结合，“揭示雷锋话语形象的建构和嬗变机制，并对产生嬗变的原因进行解释”（P15）。基于以上梳理和观察，作者提出三大研究问题，展示了此项研究的主要目标，一是分析“学雷锋活动”中话语策略的运用和建构效果，二是探索指引和约束该话语建构的元话语，三是寻找其中话语意义变化与延续的动因。

在第二章中，作者介绍了此次研究涉及的主要概念、方法、语料来源以及设计思路。从福柯（Foucault）的话语理论，到批评话语分析的发展，作者首先为读者呈现了该研究的理论基础，引出研究中将涉及的重要概念。作者介绍了话语及其特征，尤其强调了话语的“元话语性”特征。作者认为“元话语”是“话语”的相对概念，能够发挥意识形态力量制约“话语”的产生和使用，它所发出的实践便是元话语实践。在对“再情景化过程”进行概念表述时，作者进一步指出“再情景化过程就是元话语实践”（P24），它是指话语使用者通过使用话语策略，通过提取和解读文本（互文性和使文本化），通过语体风格杂糅促使话语秩序的形成（互语性），实现元话语/话语从旧情景到新情景的转换，实现权威的转移，实现新意义的生成。作者随后对“互文性和使文本化”以及“互语性”做了重点诠释。同时，作者指出再情景化过程并不是任意展开的，而是话语使用者主动建构的结果，涉及各种话语策略的组织和运用。研究中重点围绕提名策略、述谓策略和论辩策略展开了讨论。最后，作者介绍了语料的收集和筛选，将具代表性的《人民日报》1963—2012年间的八篇社论作为主要材料，同时基于社论的“使役性”（P36），即受到上位话语制约的特征，对同时期的党和国家领导人讲话也进行了整理。作者将前者归为“学雷锋话语”，后者归为"领袖话语"，认为这两种话语实践共同促进了"学雷锋活动"的开展。

第三章到第五章是该研究的主体部分，作者从话语策略、互文性、互语性以及社会历史层面对"学雷锋活动"中的话语实践进行了全面的分析。

为了初步了解"学雷锋活动"的意义构成及变迁，作者在第三章中对八篇社论中的话语策略进行了细致研究。首先在以名词为主的提名策略分析中，通过对社会行为主体和社会行为客体进行分类整理和观察总结，发现雷锋的话语形象经历了从英雄到平民、从具体到抽象再到新的具体的发展。之后针对主客体关系的变化过程，作者在第二节述谓策略的分析中进行了研究，主要包括属性关系分析和社会行为分析，主要分析对象为形容词和动词。以"是""有"为主要述谓词的属性关系分析显示，雷锋精神逐步脱离雷锋的个人属性，使雷锋从兼具精神、道德和物质三种属性的社会行为主体逐步被抽象为道德属性主体，修饰语从以评价为主逐步发展为围绕行为和意识形态展开。对于属性关系以外的述谓词，作者在社会行为分析中运用及物性和语用预设进行了研究，发现动词的及物性以物质过程为主，主要作用于精神和意识形态类客体，证明"学雷锋活动"是一场精神领域持续的建设改造活动；同时，话语中出现的预设现象虽然在语用上作用不同，但都是为了正当化"学雷锋活动"的实践行为。然而，除了语用预设，大量论辩策略的使用也为"学雷锋"提供了理据，因此作者在第三节中围绕"定义""益处""无效""危险或威胁"和"历史"五个论题，结合它们的惯用句分别展开了分析。虽然不同时期惯用句的具体内容不尽相同，"学雷锋"的意义不断变迁，但这些论题在各个时期都建构了"学雷锋话语"的正当性，成功说服同时期受众认可，引导受众参与。

社论中的"学雷锋话语"如何确立、变迁和正当化在第三章中得以体现，而第四章探讨了元话语"领袖话语"对"学雷锋话语"的控制和影响。这一章中，作者首先对围绕"学雷锋话语"出现的五组互文关系（包括"学雷锋话语"和"领袖话语"、"学雷锋话语"和雷锋日记、"学雷锋话语"和群众话语、"学雷锋话语"和对立面话语、媒体话语之间的互文关系）逐一进行分析，发现"领袖话语"直接或间接（比如通过雷锋日记或媒体话语）影响"学雷锋话语"，而"学雷锋话语"进一步对其他话语（群众话语和对立面话语）产生影响，突出了"领袖话语"在互动关系网络中作为元话语或明或暗操纵和引导"学雷锋话语"的作用。基于这一认识，作者在第二节中具体分析了"领袖话语"与"学雷锋话语"间的使文本化过程。可以看到，"学雷锋话语"是对"领袖话语"不同形式的引用、改造或具体化，通过这些使文本化手段获得"领袖话语"中的权威，并在"领袖话语"的制约下不断生成新的意义。值得注意的是，"学雷锋话语"不仅与多种话语间存在互文关系，其本身也是多种语体杂糅（包括领导人题词、雷锋日记、领导人著作或者重要会议文件）的产物。这些语体都发挥着"自上而下引导和号召广大群众参与学习雷锋的活动"（P181）的作用，共同构成了"学雷锋活动"的话语秩序。虽然意义在不同时期有所变化，但这一话语秩序在五十年间稳定地发挥着自身的权威作用，使得“学雷锋”之风得以延续。

第三章与第四章的分析展现了“学雷锋话语”的意义建构及其变迁过程，揭示了“领袖话语”对“学雷锋话语”的制约和引导作用，是在具体的文本分析中呈现“学雷锋活动”的变化与延续。第五章将“学雷锋活动”的研究引入社会历史层面，观察话语与社会的相互建构过程。首先，作者根据社论年份和主题划分了五个社会历史情景阶段（20世纪60年代、70年代、80年代、90年代和21世纪初），分别分析了不同阶段社会历史情景对“学雷锋话语”的影响。可以看到，“学雷锋话语”是应不同时代需求而产生的，具有独特的历史意义，这体现了社会历史情景对话语的影响。然而社会历史情境并不是完全客观存在的，实际上“我们在一定程度上是生活在话语建构的时代中”（P188），即话语对社会历史也发挥着建构作用。作者对不同时代的“领袖话语”进行深入分析和联系，发现领袖人物的言论一定程度上塑造了当时的社会历史情景。同时，“领袖话语”间也存在着再情景化过程，不断继承并发展着其话语实践的权威。“领袖话语”间的延续与发展，在其作为元话语影响“学雷锋话语”的过程中，赋予了“学雷锋话语”在不同时代的共性与特性，呈现了一段长达五十年的“学雷锋”话语史。

第六章对该研究的发现进行了总结，主要包括：通过话语策略，分析“雷锋”形象的建构、“学雷锋”意义的变迁以及“学雷锋活动”展开的理据，发现“学雷锋活动”的形态是在稳定抽象的话语形式中得以维持和发展；通过对“领袖话语”与“学雷锋话语”间的再情景化过程进行分析，发现“学雷锋话语”是在“领袖话语”的影响下，在语体杂糅而成的多样却稳固的话语秩序中不断延续；通过结合社会历史情景进行分析，发现社会与话语间的相互建构，发现不同历史阶段的“领袖话语”间的再情景化赋予了“学雷锋话语”连续性与历史性。最终，作者指出“学雷锋活动”是通过多种话语手段将多个话语事件相串联的话语活动，它是“永远在形成中的事物（活动）”（P220）。

## 3. 简评

本书作者以敏锐的学术眼光捕捉到了“学雷锋活动”的研究价值，以扎实的学术积累应对研究中不同的语言现象，并最终以细致深入的分析阐释了话语对社会现实的建构过程。笔者仔细研读此书，认为书中有以下三个特征值得更多关注。

（1）内容布局合理，逻辑紧密，可读性强，是学术写作值得学习的范本。

“学雷锋活动”在中国开展长达半个多世纪，对中国的政治和文化都有深刻影响，在语言层面更是涉及多种话语和语体，且彼此关系。然而，作者在本书中的研究与诠释不仅清晰而且巧妙，以“立体化”的形式较为全面地展示了整个研究成果：首先，作者在第三章中展开了“点”“线”式的研究，对每个时间节点上的学雷锋话语进行了概念和构成的话语策略分析，再通过研究其历时变化展现它在五十年间的纵向发展；第四章通过再情景化过程分析，在每个节点横向展开对“学雷锋话语”与“领袖话语”间互动关系的研究，从语言层面为“学雷锋活动”涉及的两大话语实践做了较为全面的解读，使读者对其发展脉络有了清晰的“面”式构图；最后，为了深入发掘“学雷锋活动”不断变化却又持续至今的话语动因，作者将研究进一步带入社会层面，观察话语与社会的相互建构过程。

此外，作者思维的缜密在具体研究过程中也有体现。比如在第三章中，作者对“无效”和“危险”论题进行了区分，结合“学雷锋话语”中的实际语言现象，指出前者的行为发出者常来自国家或群体内部，后者来自外部。这一区分既方便读者理解，也是将沃达克（Wodak）的理论概念在具体案例中进行了运用和延伸。在第四章中，为了分析“学雷锋话语”的元话语，作者对文本展开了互文性研究。互文性在广义上可以认为是文本的一种特性，文本中总是存在不同说话者与不同历史的多声部痕迹（Kretiva，2013）。如何处理“学雷锋话语”中出现的各种声音，避免无谓的追溯话语源头是十分重要的。本书作者立足于五组互文关系的分析，并以“领袖话语”这一元话语为分析重点，架构出如弗洛（Frow，1986）所说的“语篇所赖以形成的那些典型结构”（转引自辛斌、赖彦，2010：33）。由此可以看出，不管是在研究的整体安排，还是细节处理中，作者都将巧思发挥到极致，将研究成果清晰完整地呈现给读者。

（2）勇于进行理论的融合与创新。

在本书中，作者根据研究需要融合了不同的理论和研究方法，展示了其深厚的语言学积累。如在研究雷锋精神的变迁过程时，以利奇（Leech）对述谓结构的阐释为基础，结合韩礼德（Halliday）对及物系统的研究以及姜望琪对预设触发语的研究，分别从语义和语用层面，有针对性地剖析研究对象中出现的话语现象。同时，作者在书中也表达了对一系列经典理论和概念的独到见解，通过对“再情景化”等相关理论的诠释，创新性解读了“元话语”“互文性”“互语性”等具体概念。比如，“元话语”在一些研究中被定义为“有关话语的话语”，认为元话语是组织话语、表达对话语的观点、预测读者反映的方法（徐赳赳，2006：345）。然而笔者认为，在此项研究中，作者对“元话语”的理解更接近于“操纵话语的话语”，是作者依据具体的研究内容和对相关文献的解读，突出了元话语与权力、意识形态的关系，并进一步提出“再情景化过程就是元话语实践”（P24）的重要观点。此外，作者也对互文性进行了具体的区分，认为互文性既是一种关系形式，也是文本被转写的动态过程，前者在此次研究中被定义为互文关系，后者则为使文本化。最后，通过对“学雷锋话语”中语体杂糅的分析，为“互语性”和话语秩序的动态机制进行了阐释。这些理论与概念的解读不仅为此项研究提供了完整严密的分析框架，对进一步探讨“再情景化”的理论与应用，以及研究话语的产生与变迁，也都具有积极意义。

（3）具有促进社会发展和话语研究的双重价值。不仅促进了对“学雷锋活动”这一社会实践的理解，也加深了对批评话语分析的学科认识。

时至今日，“学雷锋活动”依然在不断发展着新的意义，发挥着独特的精神文明建设力量。2014 年，雷锋与郭明义等人被习近平总书记称为“民族精神的最好写照”，是“民族的脊梁”。习近平总书记还重点强调了雷锋精神的普及，说“雷锋精神，人人可学；奉献爱心，处处可为”，号召“做雷锋的种子，把雷锋精神广播在中国大地上”。在新的社会情境中，在新的“领袖话语”的影响下，“学雷锋活动”的开展越发普及化和平民化，这在语言上也有所体现。比如，话语中出现了以“学雷锋”为限定语的社会行为主体，如一些爱心组织和团体（如“学雷锋志愿服务站”“学雷锋车队”等），媒体话语建构的“雷锋”群体中也加入了以平民模范为主的具体人物名称。“雷锋”越来越多与不同群体的“人人”和不同岗位的“处处”相搭配。正如本书作者在“研究结论”中所说，“学雷锋活动”是“通过话语联系过去、现在和未来”，“随着话语手段被融进新的话语体系，‘学雷锋活动’也必将丰富多彩地继续进行下去”（P220）。面对依然在不断发展的“学雷锋活动”，其话语意义的建构、变迁以及话语与社会的相互作用都值得持续关注。

从批评话语分析的角度来看，话语既包括实际生活中使用的语言，也包括与之相关的社会因素，包括语言的运用方式和制约这些方式的社会规约（田海龙，2009）。正是捕捉到了“学雷锋活动”社会实践中话语的参与性、建构性，作者选择了这一课题，并在引言部分就鲜明地表达出自己对于“话语”的理解，在随后的分析中更是生动地将语言特征分析和社会问题研究相结合，“既注重研究话语在社会生活各个领域中发挥的作用，又扎根于扎实的对文本的语言学分析”（田海龙，2016：7）。此外，该研究很好地诠释了所谓“批评”的概念。提到批评，很容易被误解为“指责”和“反对”等消极的立场和态度。但批评话语分析中采用的批判视角不单纯以“积极/消极”或“好/坏”来进行判断，而是关注话语与其社会关切（田海龙，2016：7）。沃达克曾指出要做到“批评”，首先要对文本和话语内部结构中的困局进行解惑，其次要对话语实践中的操控力量进行诊断，最后要对话语和社会实践的发展做出贡献（Reisigl & Wodak，2009）。作者的此项研究恰恰契合了这种“批评”精神。在本书中，作者从一则有关雷锋精神的新闻联播引发的雷锋形象今昔差别的困惑开始，不断反思导致雷锋形象变化却又延续的社会动因，最后完成有关话语与社会建构的观察与诠释。此项研究突破已为大众习以为常的“雷锋”，指出其话语意义的历史特点和延续性特征，发现其中话语的建构与操纵，不仅促进了相关话语研究的理论和应用，也以“雷锋”为切入点，呈现了中国半个世纪以来在政治思想领域发生的变迁。

## 4. 结语

回顾书中的内容，可以看到一些话语研究领域关注的研究话题，如话语策略、互文性、元话语、再情景化等；可以看到话语在社会实践中的参与性与建构性；也可以看到其中折射出的中国五十年来发展的轨迹。有感于此，曾和父辈们讨论雷锋以及书中内容，也听到了这样的评论：“我们是看着‘雷锋’长大的”，“他一直在替国家和我们说话”。这些评价朴实地说出了此项研究的亮点，即话语的力量：在“学雷锋活动中”，话语与社会相互建构，保持着既多样又稳定的发展，联系了五十年间不同年代的中国人；同时，话语自上而下传递着国家主流意识形态，联系了社会秩序中的不同群体。话语的这种力量将继续延伸，在包括但不限于“雷锋”的各种社会实践中见证和塑造中国社会的发展与变革。

**参考文献：**

Frow, J. 1986. *Maxism and Literary History*. Cambridge/Massachusette: Harvard University Press.

Kestiva, J. 2013. 互文性理论对结构主义的继承与突破.（黄蓓译）.《当代修辞学》，第 5 期，1-11 页。

Reisigl, M. & Wodak, R. 2009. The Discourse-Historical Approach (DHA). In Wodak, R. & Meyer, M. (eds.). *Methods of Critical Discourse Analysis* (Second Edition). London: Sage.

田海龙，2009，《语篇研究：范畴、视角、方法》，上海：上海外语教育出版社。

田海龙，2016，批评话语分析精髓之再认识——从与批评话语分析相关的三个问题谈起，《外语与外语教学》，第 2 期，1-9 页。

辛斌、赖彦，2010，语篇互文性分析的理论与方法，《当代修辞学》，第 3 期，32-39 页。

徐赳赳，2006，关于元话语的范围和分类，《当代语言学》，第 4 期，345-353 页。

## Review of *A Discursive Approach to the Historical Change of "Learning from Lei Feng" Practice*

Liu Xuan, Tianjin Foreign Studies University

**Abstract:** Taking "Learning from Lei Feng" discursive practice as the research subject, *A Discursive Approach to the Historical Change of "Learning from Lei Feng" Practice* has shown the construction power of discourses on the social. The study is conducted from three aspects: firstly an analysis of discourse strategies is given to reveal its continuity and specialty of discourses in different historical periods; secondly the analysis of recontextualization shows the impact of the "leader's discourses" on the "learning-from-Lei-Feng discourses"; at last it is combined with a study of social and historical situations to find out the agents that have guaranteed the continuity and the specialty of "Learning from Lei Feng" Practice. This review aims to provide a brief introduction of as well as comment on the new ideas in this book.

**Key words:** "Learning from Lei Feng" Practice, discursive practice, discourse strategy, recontextualization

**作者简介：**

刘璇，女，天津外国语大学博士生。研究方向：话语研究、中央文献翻译研究。

# 2018年国内期刊发表的话语研究方面的100篇论文题目


1. 常江、田浩，2018，托伊恩·范·迪克：批判话语研究是一种政治立场——新闻、精英话语与意识形态，《新闻界》，第5期，4-10页。
2. 陈风华、弗朗西斯科·韦洛索，2018，多模态话语研究的过去、现在与未来——基于国内与国际核心期刊的可视化分析，《西南民族大学学报（人文社会科学版）》，第2期，233-240页。
3. 陈红，2018，俄罗斯主流媒体政治话语中政治隐喻的批评隐喻分析（2000-2016），《东北亚外语研究》，第6期，3-10页。
4. 陈琳琳，2018，中国形象研究的话语转向，《外语学刊》，第3期，33-37页。
5. 陈钦、林丽珍，2018，批评话语分析中的话语策略研究——以《纽约时报》报道“一带一路”为例，《北京化工大学学报（社会科学版）》，第4期，67-74页。
6. 陈新仁，2018，商业广告“身份套路”的批评语用分析，《山东外语教学》，第5期，24-33页。
7. 戴晖、欧阳护华，2018，符号的地理面向——重构实体世界中话语的意义系统，《天津外国语大学学报》，第3期，95-105，161页。
8. 范逢春，2018，国家治理现代化场域中的社会治理话语体系重构——基于话语分析的基本框架，《行政论坛》，第6期，109-115页。
9. 龚双萍、张韧，2018，中美冲突性国防话语的文化话语分析，《云梦学刊》，第2期，7-11页。
10. 管少阳，2018，俄罗斯国家形象的多模态概念隐喻塑造——以《俄罗斯国家形象宣传片》为例，《东北亚外语研究》，第3期，16-20页。
11. 郭建斌、王笑一、张馨月，2018，“好消息”：中国大陆“民族新闻”的话语分析——

基于中文报纸“独龙新闻”的讨论，《新闻记者》，第 11 期，48-65 页。
12. 郭庆民，2018，话语研究的跨学科性及其新动向与挑战，《中国人民大学学报》，第 3 期，164-172 页。
13. 何竞平，2018，“一带一路”下城市形象广告的多模态话语分析——以海丝泉州形象广告为例，《泉州师范学院学报》，第 3 期，60-66，71 页。
14. 何宇菲，2018，南海仲裁案新闻报道中美国立场取向的批评话语分析，《语言学研究》，第 1 期，179-193 页。
15. 何伟、魏榕，2018，话语分析范式与生态话语分析的理论基础，《当代修辞学》，第 5 期，63-73 页。
16. 胡安齐，2018，伯恩斯坦语码理论的社会符号学研究，《天津外国语大学学报》，第 5 期，84-93 页。
17. 黄国文，2018，从生态批评话语分析到和谐话语分析，《中国外语》，第 4 期，39-46 页。
18. 焦新平、敖锋，2018，基于语料库的军事微博话语研究，《外语研究》，第 1 期，8-12，74 页。
19. 康俊英、李风琴，2018，政治新闻语篇中转述动词的批评性分析——以《纽约时报》南海争端报道为例，《外语研究》，第 3 期，25-30 页。
20. 赖良涛，2018，批评话语分析的意识形态观述评，《福州大学学报（哲学社会科学版）》，第 4 期，60-66 页。
21. 李贵鑫，2018，东亚文化特征下的“一带一路”新闻话语分析，《外语学刊》，第 6 期，17-22 页。
22. 李静，2018，语料库辅助分析英国媒体视野中的中国经济话语构建，《外语学刊》，第 3 期，52-57 页。
23. 李晓丹、张增一，2018，对中国报纸关于“巴黎会议”报道的话语分析，《自然辩证法研究》，第 4 期，84-89 页。
24. 李欣、王冬晓，2018，另类的媒介建构——对“洋葱新闻”2016 美国大选报道的话语分析，《新闻记者》，第 2 期，66-74 页。
25. 李媛、章吟，2018，论式话语分析：理论与方法，《中国外语》，第 1 期，42-50 页。
26. 李战子，2018，中国军事公共外交建设的话语分析视角，《外语研究》，第 4 期，1-7，112 页。
27. 廖益清，2018，小句构型参与者与社会性别身份构建——社会符号学视角下的时尚话语分析，《天津外国语大学学报》，第 2 期，88-94，161 页。

28. 林金容、欧阳护华，2018，转基因食品语篇的批评性话语分析，《话语研究论丛》，第 6 辑，14-27 页。

29. 刘立华、孙炬，2018，话语实践中的意义磋商与话语互动研究——中美国家领导人新闻发布会案例研究，《天津外国语大学学报》，第 2 期，63-77，159-160 页。

30. 刘宁，2018，基于语料库的中美媒体关于中国雾霾报道的对比分析——以批评话语分析为视角，《北京第二外国语学院学报》，第 5 期，37-53 页。

31. 刘文宇、王英杰，2018a，社会认知视角下老年人自我表征与集体认同——以《中国老年报》为例，《天津外国语大学学报》，第 5 期，94-105+106 页。

32. 刘文宇、王英杰，2018b，报纸媒体中“海归”集体身份的话语建构语言文学，《大连理工大学学报（社会科学版）》，第 1 期，101-108 页。

33. 刘文宇、徐博书，2018，从“伙伴”到“对手”：《美国国家安全战略报告》的话语空间分析，《外语研究》，第 6 期，8-15，52 页。

34. 刘小燕，2018，历年《政府工作报告》话语中的社会变迁，《重庆交通大学学报（社会科学版）》，第 3 期，143-150 页。

35. 陆娇娇，2018，生态语言学视角下的中德气候变化新闻话语对比——以 2009-2013 年中德主流纸媒报道为例，《北京科技大学学报（社会科学版）》，第 6 期，33-42 页。

36. 马亨亨，2018，理解生态政治：话语分析的视角，《福建师范大学学报（哲学社会科学版）》，第 4 期，105-113 页。

37. 马原，2018，批评性话语分析视角下反转新闻的话语表达与意义建构，《江淮论坛》，第 1 期，118-122 页。

38. 毛浩然、徐赳赳、娄开阳，2018，话语研究的方法论和研究方法，《当代语言学》，第 2 期，284-299 页。

39. 苗兴伟、赵云，2018，生态话语的系统功能语言学阐释，《浙江外国语学院学报》，第 5 期，41-46 页。

40. 穆军芳，2018，2017 年国内批评话语分析研究述评，《天津外国语大学学报》，第 6 期，120-133 页。

41. 倪晓姗、郑春荣，2018，德国安全政策话语的变迁——基于德国联邦议院海外派兵辩论的分析，《德国研究》，第 2 期，4-22，123 页。

42. 聂薇，2018，从功能语言学看英国主流媒体对“一带一路”倡议的态度变化，《解放军外国语学院学报》，第 6 期，34-41，157 页。

43. 潘艳艳、郑志恒，2018，多模态话语分析中的批评特征探析，《天津外国语大学学报》，第 2 期，78-87，160 页。

44. 潘艳艳、马如坡，2018，国家安全话语的多模态分析——以警察形象宣传片为例，《话语研究论丛》，第 6 辑，51-64 页。
45. 彭正波、蒋建敏，2018，网约车新政制定过程中的多重话语互动，《长白学刊》，第 5 期，77-83 页。
46. 漆亚林、王俞丰，2018，基于话语分析的青年网络政治表达，《中国青年社会科学》，第 2 期，95-101 页。
47. 秦洪武、孔蕾，2018，当代英语媒体儒学传播话语分析，《中国外语》，第 1 期，51-61 页。
48. 任育新，2018，机构权势在学术互动中的多重建构——基于汉、英语境下论文答辩委员会主席的话语分析，《浙江外国语学院学报》，第 6 期，14-25 页。
49. 邵斌、蔡颖莹、余晓燕，2018，西方媒体视野中"一带一路"形象的语料库探析，《当代外语研究》，第 4 期，40-47，108 页。
50. 沈文静，2018，反语言的隐喻性解读——以《发条橙》中的纳查奇语为例，《天津外国语大学学报》，第 6 期，42-50，156-157 页。
51. 施旭，2018a，（逆）全球化语境下的中国话语理论与实践，《外国语（上海外国语大学学报）》，第 5 期，90-95 页。
52. 施旭，2018b，建设中国国家安全话语体系：理论与方法初探，《杭州师范大学学报（社会科学版）》，第 5 期，129-136 页。
53. 唐青叶、史晓云，2018，国外媒体"一带一路"话语表征对比研究——一项基于报刊语料库的话语政治分析，《外语教学》，第 5 期，31-35 页。
54. 唐伟、支永碧，2018，美国智库关于中国改革与创新的话语建构研究，《东北师范大学学报（哲学社会科学版）》，第 2 期，127-133 页。
55. 滕达、苗兴伟，2018，视觉语法视域下绘本语篇多模态隐喻的意义建构，《外语学刊》，第 5 期，53-59 页。
56. 田海龙、潘艳艳，2018，从意义到意图——多模态话语分析到多模态批评话语分析的新发展，《山东外语教学》，第 1 期，23-33 页。
57. 汪冰冰，2018，有限的选择空间与想象的未来——对农村青少年做学徒的话语分析，《中国青年研究》，第 12 期，74-80 页。
58. 王建华、蒋新莉、李玖，2018，能源官微话语研究——语言诗学视阈下的功能分析，《天津外国语大学学报》，第 3 期，78-86，160-161 页。
59. 王品，2018，重生、救赎与共情：语言暴力事件的积极话语分析视角，《当代外语研究》，第 4 期，49-57，108-109 页。

60. 汪少华、张薇，2018，“后真相”时代话语研究的新路径：批评架构分析，《外语教学》，第 4 期，29-34 页。

61. 武建国、陈聪颖，2018a，批评性体裁分析：理论、应用与前瞻，《外国语（上海外国语大学学报）》，第 1 期，85-92 页。

62. 武建国、陈聪颖，2018b，《批评性体裁分析：探究专业实践中的篇际互文表现》评介，《现代外语》，第 3 期，436-439 页。

63. 武建国、陈聪颖、郑蓉，2018，篇际互文性与公司简介的批评性体裁分析——以跻身“世界 500 强”的中国内地公司为例，《语言学研究》，第 2 期，172-184 页。

64. 武建国、牛振俊，2018，趋近化理论视域下的政治话语合法化分析——以特朗普的移民政策为例，《中国外语》，第 6 期，48-53 页。

65. 武建国、牛振俊、黄泽文，2018，微信公众号中广告话语的批评性体裁分析——以三大外资超市为例，《山东外语教学》，第 4 期，30-37 页。

66. 武建国、唐文欣，2018，探究电影字幕翻译中的互文性策略：以《一代宗师》为例，《当代外语研究》，第 5 期，101-107 页。

67. 武守强、冯云霞，2018，修辞视角下组织合法性的话语构建——以中国百胜和麦当劳为案例，《经济管理》，第 1 期，92-108 页。

68. 谢莹莹，2018，改革开放以来高校思想政治教育政策演进的话语分析，《浙江万里学院学报》，第 3 期，78-83 页。

69. 辛斌，2018a，体裁互文性的话语分析——以南中国海仲裁案为例，《外国语（上海外国语大学学报）》，第 5 期，96-103 页。

70. 辛斌，2018b，中美媒体关于南海争端报道的框架分析，《外语学刊》，第 3 期，20-26 页。

71. 辛斌，2018c，南海仲裁案“裁决”书的批评性互文分析，《当代修辞学》，第 3 期，17-24 页。

72. 辛斌、时佳，2018a，《人民日报》和《纽约时报》南海仲裁案报道中的中美官方转述言语对比分析，《外语教学》，第 5 期，17-20 页。

73. 辛斌、时佳，2018b，“南海仲裁案”裁决前后《纽约时报》对中美双方话语转述的比较分析，《山东外语教学》，第 1 期，13-22 页。

74. 熊涛、韩艳梅，2018，大学校长毕业典礼致辞的同盟性话语建构，《语言学研究》，第 1 期，18-28 页。

75. 徐剑、董晓伟、袁文瑜，2018，德国媒体中的北京形象：基于《明镜》周刊 2000-2015 年涉京报道的批判性话语分析，《西安外国语大学学报》，第 2 期，57-61 页。

76. 许婷婷，2018，俄罗斯政党对十月革命评价研究——基于语料库的批评话语分析，《中国俄语教学》，第 2 期，38-46 页。
77. 杨帆，2018，话语分析方法在司法研究中的功用——以“司法理性化”为规范目标的考察，《华东政法大学学报》，第 4 期，159-169 页。
78. 杨林秀、赵浩，2018，希望的话语：国内积极话语分析研究述评，《北京科技大学学报（社会科学版）》，第 3 期，35-41 页。
79. 杨敏、符小丽，2018，基于语料库的“历史语篇分析”（DHA）的过程与价值——以美国主流媒体对希拉里邮件门的话语建构为例，《外国语（上海外国语大学学报）》，第 2 期，77-85 页。
80. 杨仙菊、张载浩，2018，语用论辩视角下新闻话语的语境化重构研究，《苏州科技大学学报（社会科学版）》，第 6 期，54-60 页。
81. 杨漪漪、柴红梅，2018，战后 70 周年“安倍谈话”的话语实践，《东北亚外语研究》，第 3 期，35-43 页。
82. 姚晓东，2018，地产广告话语中的商品化身份操控与边界划分，《话语研究论丛》，第 6 辑，28-37 页。
83. 姚晓东、李春宇，2018，边缘群体之再边缘化：“乞丐”媒体再现的边缘话语分析，《外语与外语教学》，第 3 期，39-46，143-144 页。
84. 尤泽顺，2018，话语与权力：批评话语分析对福柯的继承与发展，《福州大学学报（哲学社会科学版）》，第 4 期，73-78 页。
85. 袁天荣、刘衡，2018，系统功能语法视角下的证券分析师话语分析——以安硕信息案为例，《河南大学学报（社会科学版）》，第 3 期，36-42 页。
86. 袁颖，2018，媒体报道的生态取向：BBC 中国雾霾新闻标题的生态话语分析，《北京科技大学学报（社会科学版）》，第 4 期，33-41 页。
87. 袁周敏，2018a，话语研究的新路径：行动启示话语分析，《外语学刊》，第 1 期，66-70 页。
88. 袁周敏，2018b，南京城市形象的话语建构，《外国语言文学》，第 1 期，53-67 页。
89. 詹霞，2018，德国智库对“一带一路”倡议的认知，《外语学刊》，第 6 期，7-12 页。
90. 张爱萍，2018，城市身份的话语建构——基于兰州国际马拉松赛话语的批评性分析，《话语研究论丛》，第 6 辑，38-50 页。
91. 张德禄，2018，系统功能语言学视阈下的多模态话语分析综合框架，《现代外语》，第 6 期，731-743 页。
92. 张辉、罗一丽，2018，战略情报话语的批评认知分析——认知语法的视角，《外语研究》，第 6 期，4-10，112 页。

93. 张荆欣、伍思静，2018，评价理论视域下香水广告语篇对比研究，《东北师大学报（哲学社会科学版）》，第 3 期，125-131 页。

94. 张森、刘风光，2018，政治演讲语篇中人际意义的政治语言学研究——以特朗普任内首份国情咨文文本为例，《东北亚外语研究》，第 3 期，27-34 页。

95. 赵德芳，2018，旅游研究的语言学视角：旅游话语分析，《旅游科学》，第 4 期，85-95 页。

96. 赵芃、刘璇，2018，互文的抄袭潜势与抄袭的互文掩饰——学术引用的批评话语分析，《天津外国语大学学报》，第 6 期，17-29，156 页。

97. 赵秀凤，2018，能源话语研究的体系与范畴，《天津外国语大学学报》，第 3 期，63-77，160 页。

98. 郑泉、张增一，2018，转基因议题中科学话语的建构策略分析——以美国“智能平方”举办的一场转基因辩论为例，《自然辩证法通讯》，第 4 期，104-111 页。

99. 钟馨，2018，英国全国性报纸中“一带一路”话语的意义建构研究——基于语料库批评话语分析法，《现代传播（中国传媒大学学报）》，第 7 期，61-69 页。

100. 朱桂生、黄建滨，2018，青年医生形象的媒介话语建构：从语言偏见到信任危机，《当代青年研究》，第 3 期，12-28 页。

（中国英汉语比较研究会话语研究专业委员会秘书处供稿）